Prof. Dr. Heinz Ryborz *Freundschaft*

Von Prof. Dr. Ryborz sind folgende
Titel lieferbar:

Die geheime Kraft Ihrer Wünsche
*Erfolg und Glück durch Aktivierung des Unterbewußtseins*

Jeder kann es schaffen
*Wie man Hindernisse überwindet und seinem Leben neuen Sinn gibt*

Menschen erkennen, durchschauen, verstehen
*Vom kunstruktiven Umgang miteinander*

Die helfende und heilende Kraft der Symbole

Wer ist Dein Freund – Wer ist Dein Feind?
*Praktische Menschenkenntnis*

Prof. Dr. Heinz Ryborz

# Freundschaft

## Der Weg zu Erfolg, Glück und Einfluß

Oesch Verlag

CIP-Titelaufnahme der Deutschen Bibliothek

Ryborz, Heinz:

Freundschaft: der Weg zu Erfolg, Glück und Einfluss / Heinz Ryborz. – Zürich : Oesch, 1991

ISBN 3-85833-401-4



Schutzumschlag: Heinz von Arx, Zürich
Satz: Utesch Satztechnik, Hamburg
Druck und Bindung: Franz Spiegel Buch GmbH, Ulm
Printed in Germany

ISBN 3-85833-401-4

6 5 4 3 2 1

## Inhalt

## Warum Ihnen das Buch hilft

Wissen Sie, wofür sich die meisten Menschen interessieren? Für ihre Gesundheit und für gute Beziehungen zu den Mitmenschen. Ob es sich um den Angestellten, die Selbständigen, die Hausfrau oder um Kinder handelt: Alle wünschen sich Freunde. Und der Erfolg im Beruf und Geschäftsleben hängt entscheidend davon ab, ob Sie Freunde am Arbeitsplatz und Geschäftsfreunde gewinnen können. Jeder braucht Freunde wie die Luft zum Atmen.

Leider wird uns weder in der Schule noch an der Hochschule beigebracht, wie wir Freunde gewinnen können. So stoßen viele ihre Mitmenschen aus Unwissenheit vor den Kopf; sie schaffen sich Feinde und fühlen sich selbst nicht wohl. So muß es aber nicht sein. Wir alle, auch Sie, verfügen über die Fähigkeit, Freunde zu gewinnen. Das Buch zeigt Ihnen viele Möglichkeiten, wie Sie die in Ihnen verborgene Fähigkeit aktivieren, Freunde zu gewinnen. Verfahren Sie danach, dann wird sich die Anzahl Ihrer guten Bekanntschaften und lockeren Freundschaften erhöhen. Und aus einigen der lockeren Freundschaften werden sich auch enge Freundschaften entwickeln.

Um Freunde zu gewinnen, müssen Sie also zunächst lernen, was es zu tun gibt. Lockere und enge Freundschaften sind der größte Gewinn in Ihrem Leben, sei es nun im Beruf oder privat.

Wenn Sie Freunde gewinnen und selbst ein Freund, eine Freundin sein können, so entfalten Sie Ihr ganzes Menschsein. In der heutigen Zeit wird dem Menschen immer mehr bewußt, wie stark er nicht nur mit der Natur, sondern auch in seiner Beziehung zu den Mitmenschen verflochten ist. Martin Buber sagt: »Unser Leben ist eine Geschichte von Begegnungen.«

Das Buch will Ihnen helfen, sensibler für den Mitmenschen zu werden und mehr Einfühlungsvermögen und Verständnis zu entwickeln. So gewinnen Sie Freunde.

Wenn Sie aus dem Buch den größtmöglichen Gewinn ziehen wollen, dann müssen Sie folgende Ratschläge beherzigen:

1. Seien Sie durchdrungen von dem Willen, am eigenen Verhalten etwas zu verändern, um Freunde zu gewinnen. Jede positive Veränderung ist nur durch den Willen möglich. Ihr Wille muß zustimmen. Stärken Sie Ihren Willen.

2. Markieren Sie die für Sie wichtigen Stellen, die bei Ihnen eine Selbsterkenntnis ausgelöst haben, mit einem Farbstift. Tun Sie das auch bei einem Rat oder Hinweis, der für Sie besonders hilfreich ist. Die Farbmarkierungen helfen Ihnen, diese Stellen leicht wiederzufinden.

3. Greifen Sie jede Woche mehrmals zu diesem Buch, und lesen Sie darin.

4. Wenden Sie das Gelesene an. Fragen Sie sich regelmäßig: Habe ich die Grundsätze des Buches auch angewandt?

5. Sehr hilfreich ist es, wenn Sie über Ihre Erfolge sowie über Ihre Rückfälle in alte Verhaltensweisen Buch führen. Stellen Sie sich dann die Frage: Was kann ich beim nächsten Mal besser machen? In jedem Fall sollten Sie sich Ihren Notizen mindestens einmal in der Woche widmen. Eine solche Erfolgskontrolle ermuntert Sie, konsequent an sich weiterzuarbeiten. Und natürlich ist es für Sie sehr interessant und hilfreich, Ihre eigene Erfahrung zu verfolgen.

Wenn Sie sich bemühen, Freunde zu gewinnen, dann entwickeln sie bislang verborgene Kräfte. Dazu müssen Sie aber das Gelesene in die Tat umsetzen. Wenden Sie die hier dargestellten Prinzipien in Ihrem Privat- und Berufsleben an.

Schon Lichtenberg sagte: *Wer etwas weiß und nicht danach handelt, der weiß es eigentlich gar nicht.* Werden Sie ein Mensch der Tat. Gewinnen Sie Freunde! Sie erleben Mitmenschen mannigfaltiger und tiefer. Sie entdecken einen großen Reichtum in sich und bei den andern.

# Kapitel 1

# Warum Sie Freunde brauchen

## 1. Welche Vorstellungen haben Sie von einem Freund?

Haben Sie einmal überlegt, welche Vorstellungen Sie von einem Freund haben? Wenn nicht, dann halten Sie einen Augenblick inne, und denken Sie nach. Es ist wichtig, sich zunächst einmal seiner eigenen Erwartungshaltung bewußt zu sein. Das Nachdenken ist sehr nützlich und hilft Ihnen, sich Klarheit über eine solche Beziehung zu verschaffen. Was fällt Ihnen ein? Und zu welchem Ergebnis kommen Sie?

Die meisten Menschen gehen davon aus, daß Freunde einander mögen. Da sie einander sympathisch sind und Zuneigung empfinden, werden sie sich nicht absichtlich schaden, dafür gegenseitig Gutes tun. Einig sind sich auch viele darin, daß man sich auf einen Freund verlassen können muß. Zur Freundschaft gehört auch, sich gegenseitig zu achten und zu akzeptieren. Menschen suchen auch die Gesellschaft des Freundes, um Gedanken auszutauschen. Doch worüber sprechen sie? Bei dieser Frage gehen die Meinungen weit auseinander.

So sagt zum Beispiel eine 25jährige Angestellte: »Ich habe fünf gute und zwei enge Freundinnen. Mit meinen engen Freundinnen unterhalte ich mich über all meine Probleme. Grenzenlose Offenheit gibt es für mich nur in der engen Freundschaft.«

Die Ansicht über die grenzenlose Offenheit in der Freundschaft teilen aber viele Menschen nicht. Nicht alle sind bereit, selbst engsten Freunden ihre tiefsten Geheimnisse anzuvertrauen. Viele Menschen legen auch in der engen Freundschaft zwischen sich und dem anderen eine größere oder kleinere Distanz. Andere sehen wiederum den Wert einer Freundschaft darin, den Freund tief ins Vertrauen ziehen zu können, und je enger die Freundschaft ist, desto mehr Geheimnisse werden miteinander besprochen.

Sie haben nun verschiedene Ansichten erfahren. Was meinen Sie zu dieser Angelegenheit? Wenn Sie sich Ihrer Erwartungen und eigenen Verhaltensweisen bewußt werden, dann haben Sie schon eine erhebliche Einsicht gewonnen.

Neben der größeren oder kleineren Intimität haben Freunde auch gleiche Interessen und betreiben oft gemeinsame Aktivitäten. Und natürlich wünschen sich Freunde auch, regelmäßig zusammenzusein.

Die meisten Menschen sehen auch seelische Werte wie Zuverlässigkeit, Treue und Ehrlichkeit als wesentliche Merkmale einer Freundschaft an.

## 2. Nehmen Sie verschiedene Arten der Freundschaft in Ihr Leben

Es gibt viele Menschen, die zwischen wahren und unechten Freunden unterscheiden. An den wahren Freund werden höchste Anforderungen gestellt. So sagt zum Beispiel Theodor Körner: *Im Unglück erst bewährt sich Männerkraft, und Freundestreue prüft man erst im Sturme.*

Und ein altes chinesisches Sprichwort sagt:

*Wenn der Himmel einen Menschen liebt, dann läßt er ihm einen Freund begegnen.*

Und ein anderes Sprichwort äußert:

*Freunde in der Not, gehen zwölf auf ein Lot, und wenn sie soll'n behilflich sein, kommen vierundzwanzig auf ein Quentelein.*

Zurück zu Ihnen. Welche Einstellung haben Sie? Gibt es für Sie auch nur die wahren Freunde, und tun Sie andere Kontakte verächtlich als unechte Freundschaften ab? Wenn Sie nur diesen

Schwarzweißunterschied zwischen unechten und wahren Freunden machen, dann werden Ihre Erfahrungen vorwiegend negativ sein. Sie müssen lernen, zwischen den lockeren und den engeren Freundschaften zu unterscheiden. Was sind lockere Freundschaften? In diese Gruppe fallen die meisten Freunde. Es sind zum Beispiel Klassenkameradinnen aus der Schule, Studienkollegen, Kolleginnen aus der Kirchengemeinde oder dem Klub. In solchen lockeren Freundschaften wird die Beziehung weniger durch persönliche Qualitäten als vielmehr durch gemeinsame Arbeit, Schule, Verein oder Nachbarschaft geschaffen. Man ist sich sympathisch und freundlich miteinander. Man lädt sich vielleicht sogar gegenseitig zum Essen ein. Manchmal werden auch persönliche Dinge miteinander besprochen, die aber meistens aus dem Bereich der gemeinsamen Beziehungen stammen. Außer einer mitfühlenden Bemerkung wird keine Hilfe bei Problemen erwartet – und auch meistens nicht gegeben. Solche Freundschaften werden auch leicht wieder abgebrochen. Das Kennzeichen der lockeren Freundschaft ist ihre begrenzte Dauer. Sie endet zum Beispiel beim Abschluß der Schule oder des Studiums oder beim Umzug in eine andere Stadt. Neue lockere Freundschaften entwickeln sich.

Die zeitlich begrenzte Dauer der lockeren Freundschaften ist aber kein Grund, solche Beziehungen gering einzuschätzen. Unterscheiden Sie also zwischen lockeren und engen Freundschaften, dann gibt's den Konflikt zwischen den echten und den unechten Freundschaften nicht mehr.

### 3. Sie brauchen Freundinnen und Freunde, um sich wohl zu fühlen

Obwohl die lockeren Freundschaften nicht sehr tief sind, erfahren Sie durch diese Annehmlichkeiten. So schenken Ihnen die lockeren Freundschaften beispielsweise Wohlbefinden. Wenn solche Beziehungen fehlen, fühlen Sie sich einsam. Die lockeren Freundschaften haben einen positiven Einfluß auf Ihre Stimmung und Ihr Selbstwertgefühl. Nicht wenige Menschen erfahren bereits in der lockeren Freundschaft ein Gefühl der Geborgenheit. Jedem tut es gut, wenn er etwas Zuneigung erfährt und sich beliebt weiß. Daher hat die lockere Freundschaft ebenso ihren Wert wie die enge. Lockere Freundschaften lassen Sie die Welt freundlicher erleben, ohne an Sie große persönliche Verpflichtungen zu stellen.

Natürlich vermittelt Ihnen die enge Freundschaft noch mehr. Cicero sagt dazu:

*Die nehmen aus dem Weltenraum die Sonne weg, die aus dem Leben die Freundschaft wegnehmen.*

Und Wilhelm von Humboldt äußert:

*Im Grunde sind es doch die Verbindungen mit dem Menschen, welche dem Leben seinen Wert geben.*

### 4. Freunde helfen Ihnen im Beruf und im Privatleben

Gemäß einer amerikanischen Untersuchung waren 10 Jahre nach Universitätsabschluß nicht die Zeugnisbesten die Erfolgreichsten, sondern die, die ihre Mitmenschen im Beruf klug für sich gewinnen konnten. Auch am Arbeitsplatz ist es notwendig, Kontakte und lockere Freundschaften zu pflegen. Umgängliches Verhalten macht sich also bezahlt. Der besonderen Rolle der lockeren Freundschaften am Arbeitsplatz werden wir uns in Kapitel 10 noch widmen.

## 5. Gewinnen Sie Freunde, und entfalten Sie Ihre Persönlichkeit

Freunde zu haben ist ein Grundbedürfnis jedes Menschen. Und zu allen Zeiten wurden gute Beziehungen zu anderen als wertvoll angesehen. Leider sind nicht wenige Menschen von der Vorstellung erfüllt, Freundschaft stelle sich gleichsam von selbst ein. Diese Vorstellung ist sehr verhängnisvoll, denn sie hindert uns daran, aktiv zu werden und das Notwendige für eine Freundschaft zu tun.

Schon der Buddhismus wies darauf hin, daß Sie sich im Umgang mit anderen selbst erleben. An der Außenwelt entzünden sich die Zuneigung, der Zorn und der Haß, der im Menschen selbst ist. Die Mitmenschen sind unsere Lehrmeister, denn in unserem Verhalten ihnen gegenüber erleben wir, was es bei uns noch zu verbessern gilt.

In lockeren und vor allem in engen Freundschaften erleben Sie sich sehr intensiv. Und wenn Sie Freunde gewinnen wollen, müssen Sie selbst erst lernen, den anderen eine Freundin, ein Freund zu sein. Wie Sie das tun, lernen Sie in diesem Buch.

Wenn Sie sich selbst ändern, so sehen Sie Ihre Mitmenschen mit ganz anderen Augen an. Martin Buber sagt: *Das Ich bildet sich am Du* und *Beziehung ist Gegenseitigkeit. Mein Du wirkt an mir, wie ich an ihm wirke.*

## 6. Durch Freunde entwickeln Sie sich zur Ganzheit

Wissenschaftler haben festgestellt, daß Kinder mit einem großen Bedürfnis nach Geborgenheit und Zugehörigkeit zur Schule kommen, ihre Fähigkeit zur Solidarität jedoch unterentwickelt ist. Die Sehnsucht der Kinder ist eine Vorahnung dessen, wozu der Mensch fähig ist. Schon der Buddhismus weist darauf hin, daß das Selbst keine Grenzen hat und in lebendiger, mannigfaltiger Beziehung zum Universum steht. Daher fordert der Buddhismus uns auf, unsere eigenen Begrenzungen aufzubrechen. Verglichen mit den Dimensionen des Universums ist jeder von uns wie ein Frosch im kleinen Teich und noch nicht imstande, das Ganze zu erfassen. Der theoretische Physiker Capra weist auf eine neue Sicht der Wirklichkeit hin, wonach alle Phänomene – physikalische, biologische, physische und gesellschaftliche – voneinander abhängig und miteinander verbunden sind.

Das Wissen, ein untrennbarer Teil des Kosmos zu sein, hat auch schon die Umweltschutzbewegung aktiviert. Der Umweltschutzgedanke sollte aber nicht nur auf die Beziehung des Menschen zu Tieren, Pflanzen, Erde, Wasser und Luft beschränkt sein. Auch im zwischenmenschlichen Bereich gibt es Vernetzungen des Bewußtseins. Daher kann jede Selbstverwirklichung nur dadurch erfolgen, daß Sie Ihre Mitmenschen in Ihre Entwicklung einbeziehen.

Der Buddhismus sagt:

*Der unterentwickelte Mensch strebt nach dem Endlichen um seines Nutzen willen. Der denkende Mensch strebt nach dem Unendlichen um seiner Freiheit willen. Der Erkennende kehrt zurück zum Endlichen um seiner unendlichen Liebe willen.*

Es gibt danach drei Arten von Selbstverwirklichung. Die abgrenzende Selbstverwirklichung läßt sich nicht von außen, sondern nur durch die inneren Erfahrungen bestimmen. Die transzendierende Selbstverwirklichung stellt Beziehungen zum Universellen her. Das geschieht zum Beispiel in der Meditation, wenn Sie die Ebene Ihres Bewußtseins ausweiten. Dabei stimmen Sie sich auf die universelle Energie ein.

Die dritte Form der Selbstverwirklichung stellt die persönliche Selbstverwirklichung in einen universalen Bezug zur realen Umwelt. Eine solche Selbstverwirklichung kann nur in Richtung auf andere Menschen, die Gemeinschaft oder die gesamte Menschheit erfolgen. Diese Art der Weiterentwicklung hat einen Nutzen für die Weiterentwicklung des Ganzen, und so kann der Mensch viel Gutes bewirken. Seine Verhaltensweise wirkt sich auf andere aus. Das Gute, das Sie ausstrahlen und tun, kommt im Laufe Ihres Lebens auch vielen Menschen zugute. Entfalten Sie daher die vielen Möglichkeiten, die in Ihnen verborgen sind. So entwickelt sich Ihr Bewußtsein auf eine höhere Stufe und zu überpersönlicher Ganzheit. Gewinnen Sie Freunde, und erreichen Sie das Ziel. Erkennen Sie Ihre Sehnsucht nach guten Beziehungen als das, was sie ist: die schöpferische und göttliche Kraft in Ihnen selbst, die zum Ausdruck gelangen will.

## 7. Sie brauchen viele Freunde und Freundinnen

Viele lockere und enge Freundschaften gestalten Ihr Leben interessanter und reicher. Je mehr Freunde Sie haben, um so größer werden Ihre Möglichkeiten und um so größer wird Ihr geistiger und seelischer Horizont.

Ihr Selbst braucht viele Beziehungen, um im Spiel wechselseitiger Beziehungsprozesse immer neue Formen der Individualität anzunehmen. Knüpfen Sie daher auch viele neue Beziehungen an. Sie geben Ihnen etwas, das Ihnen die alten Kontakte nicht vermitteln können.

## Zusammenfassung

1. Unterscheiden Sie zwischen lockeren und engen Freundschaften.

2. In lockeren Freundschaften gibt es nicht viel gegenseitige Loyalität und Hilfe. Die Menschen öffnen sich auch sehr begrenzt.

3. Machen Sie nicht den Fehler, an eine lockere Freundschaft zu hohe Erwartungen zu stellen.

4. Aus lockeren Freundschaften können sich enge entwickeln, in denen tiefe menschliche Beziehungen herrschen und gegenseitige Hilfe gegeben wird.

5. Lockere Freundschaften lassen Sie die Welt freundlicher erleben, ohne daß Sie in großen persönlichen Verpflichtungen stehen.

6. Im Umgang mit lockeren und engen Freunden erleben Sie sich selbst.

7. Wollen Sie Freunde gewinnen, müssen Sie selbst lernen, ein Freund bzw. eine Freundin zu sein.

8. Martin Buber sagt: »Das Ich bildet sich erst am Du.«

9. Ihre Beziehungen zu Mitmenschen geben Ihnen die Möglichkeit, sich intensiver zu entwickeln, als wenn Sie nur auf sich allein gestellt wären.

10. Sie existieren nicht unabhängig von Ihren Mitmenschen.

11. Versuchen Sie Freunde zu gewinnen und ein Freund zu sein, dann entwickeln Sie das Positive in Ihnen.

12. Das Gute, das Sie ausstrahlen und tun, kommt im Laufe Ihres Lebens vielen Menschen zugute.

13. Gewinnen Sie Freunde; dann erreicht Ihr Bewußtsein eine höhere Entwicklungsstufe und übersinnliche Ganzheit.

# Kapitel 2

# Was hindert die Entwicklung positiver Beziehungen?

## 1. Sie können entscheidende Fehler vermeiden

Der chinesische Philosoph Laotse, der 600 Jahre vor Christus lebte, soll den Ausspruch getan haben: »Das Wahre ist einfach zu verstehen und leicht zu befolgen, und doch hört es keiner und befolgt es niemand.«

Die Worte treffen besonders auf den Umgang mit Menschen zu. Viele Menschen stehen sich selbst im Wege, und es liegt an ihnen, wenn sie keine Freunde haben.

Welche Verhaltensweisen stehen Freundschaften im Wege? Vor allem ungeselliges Wesen, Verschlossenheit und fehlende Liebenswürdigkeit. Echte menschliche Beziehungen sind aber die Ursachen des Erfolgs und des Glücks im Leben.

Wer unzuverlässig ist und Versprechungen macht, die er später nicht einhält, wird von niemand als Freund geschätzt. Eine Variante der Unzuverlässigkeit ist die Unpünktlichkeit. Wer unpünktlich ist und andere immer warten läßt, raubt ihnen die Zeit und wird von niemand gern gelitten. Mit Hohn und Spott kann niemand Freunde gewinnen. Ein mürrisches Wesen und Nörgelei zerstören jede menschliche Beziehung.

Überprüfen Sie auch Ihre Sprache, ob sie deutlich und klar ist. Wenn Sie leise sprechen, die Endungen der Worte verschlucken oder nuscheln, veranlassen Sie die Zuhörer, sich anzustrengen. Wen wundert es, wenn das der Mitmensch als Mißachtung seiner Person deutet.

Wer nur über eigene Sorgen spricht, ist kein geschätzter Gesellschafter. Dies verdeutlicht auch der folgende Witz: Eine Frau empfängt ihre Freundin. Die Tür zum Nebenzimmer ist offen, und ungewollt hört der Mann die Unterhaltung mit. Als die Freundin das Haus verlassen hat, sagt die Frau zu ihrem Mann: »Jetzt sind meine Sorgen verflogen.« Darauf der Gatte: »Du irrst dich. Jetzt habe ich sie.« Wenn Sie andere nicht zu Wort kommen lassen und nur über sich reden, gehen Sie bald jedem auf die Nerven. Machen Sie es nicht wie der Schauspieler, der zu seinem Gegenüber sagte: »Wir haben nun lange genug über mich gesprochen. Reden wir von etwas anderem. Wie fanden Sie meine Rolle im Theaterstück?«

Je wichtiger sich ein Mensch nimmt, um so mehr geht er anderen auf die Nerven. Es gibt immer Menschen, die sofort von ihren Problemen, ihren Erfolgen oder ihren Krankheiten zu sprechen anfangen. Der andere bemüht sich dann sehr schnell, einer solchen Gesellschaft zu entfliehen. Wer den Drang hat, immer viel reden zu müssen, sollte lernen, seine Redeflut zu zügeln. Unangenehm wirkt auch, wenn Sie fachsimpeln und andere Zuhörer Ihren Worten nicht folgen können. Abstoßend wirken zudem negative Bemerkungen über Abwesende. Ich erlebte einmal bei einem Tischgespräch die Ausführungen einer Dame darüber, wie Sie mit ihrem charakterlosen Exverlobten »verfahren« war. Je länger die Dame sprach, um so mehr verfinsterten sich die Mienen der Zuhörer.

Negative Stimmungen und Launen machen nicht nur das Gesicht häßlich, sondern schaden auch den Beziehungen zum Mitmenschen. Der Witz macht sich sehr treffend über die Leute lustig, die sich nicht von einem negativen Emotionsniveau lösen können:

Ein Mann wird gebeten, einen Satz zu bilden, in dem das Wort »mühsam« siebenmal vorkommt. Er sagt: »Mir ist mies am Montag, mir ist mies am Dienstag, mir ist mies am Mittwoch ...«

Gespräche über Politik und Religion haben den Nachteil, daß Menschen leidenschaftlich aneinandergeraten. Daher ist es besser, solche Themen zu vermeiden, wenn eine Freundschaft noch nicht gefestigt ist.

Wer seinen Ärger an den Mitmenschen ausläßt, zeigt nicht nur, wie wenig er über den Dingen steht und in sich selbst ruht. Mit solchen Reaktionen schafft er außerdem lebensverneinende Gefühle und macht sich die andern zum Feinde.

Aus Gewohnheit immer in Opposition zu gehen, wirkt genauso abstoßend wie Vorwürfe oder unerbetene Ratschläge. Der Witz charakterisiert ein solch falsches Verhalten: Nach einem Streit zeigt der Mann Versöhnungsbereitschaft und sagt zu seiner Frau: »Ich habe es mir überlegt. Ich stimme dir zu.« Darauf die Frau: »Das ändert überhaupt nichts. Ich habe inzwischen meine Meinung geändert.«

Wie unangenehm Vorwürfe und unerbetene Ratschläge wirken, braucht wohl nicht noch besonders betont zu werden. Oscar Wilde sagte: *In der westlichen Welt versuchen die Menschen nur am Nachbarn, aber nicht an sich selbst herumzuerziehen.*

Sehr oft äußern Menschen über die, die sie nicht mögen: »Ich kann ihn/sie nicht riechen.« Viele verheißungsvolle Kontakte wurden deshalb abgebrochen, weil der Körpergeruch des anderen im Unterbewußtsein des Gesprächspartners eine negative Reaktion bewirkte. Achten Sie also darauf, ob der eigene Geruch auf die Mitmenschen abstoßend wirkt. Verwenden Sie ein Deodorant. Viele Menschen sind sich nicht bewußt, welche Vorteile ein gepflegtes Äußeres hat. Dazu gehört keineswegs eine teure Garderobe, sondern nur eine geschmackvolle Kleidung und tägliche Pflege. Das Sprichwort *Kleider machen Leute* ist schon sehr alt und hat noch heute seine Gültigkeit.

Die Mitmenschen machen sich nicht die Mühe, Ihnen ins Herz zu schauen, und so beurteilt man Sie nach dem Äußeren.

Tabelle I zeigt Ihnen eine kurze Zusammenstellung über die hauptsächlichsten Verhaltensweisen, die auf Mitmenschen unsympathisch wirken. Kreuzen Sie an, welche Verhaltensweisen

*Tabelle I*

Verhaltensweisen, die die Entwicklung von Freundschaften behindern

| Verhaltensweisen | Häufigkeit | | | Verbesserung |
|---|---|---|---|---|
| | nie | sel-ten | oft | |
| 1. Ungeselligkeit und Verschlossenheit | | | | |
| 2. Unzuverlässigkeit | | | | |
| 3. Unpünktlichkeit | | | | |
| 4. Hohn und Spott | | | | |
| 5. Mürrisches Wesen und Nörgelei | | | | |
| 6. Undeutliche Aussprache, Nuscheln und leises Sprechen | | | | |
| 7. Gespräche über eigene Sorgen und Krankheiten | | | | |
| 8. Geltungsdrang, den anderen ins Wort fallen, Monologe | | | | |
| 9. Angeberei, Aufdringlichkeit und Geschwätzigkeit | | | | |
| 10. Am anderen vorbeisehen oder unruhiger Blick | | | | |
| 11. Fachsimpeleien | | | | |
| 12. Negative Bemerkungen über Abwesende | | | | |
| 13. Negative Stimmungen und Launen | | | | |
| 14. Gespräche über religiöse oder politische Themen | | | | |
| 15. Ärger an Mitmenschen abreagieren | | | | |
| 16. Oppositionsverhalten aus Gewohnheit | | | | |
| 17. Vorwürfe und unerbetene Ratschläge | | | | |
| 18. Körpergeruch | | | | |
| 19. Ungepflegtheit | | | | |

auf Sie zutreffen. Eine gute Freundin, ein guter Freund könnte Ihnen bei der ehrlichen Selbsterkenntnis helfen. Überlegen Sie sich, wie Sie sich solche Verhaltensweisen abgewöhnen, und machen Sie sich Notizen in die Spalte »Verbesserung«. Nehmen Sie die Tabelle mindestens zweimal in der Woche zur Hand. Was hat sich verbessert? Und was müssen Sie noch verbessern? Scheuen Sie den unvermeidlichen Aufwand nicht. Sie werden erstaunt sein, wie sympathisch und anziehend Sie auf Mitmenschen werden.

## 2. Warum Schwarzweißdenken schadet, und wie Sie sich davon trennen

Ein Mann erzählte: Drei Dinge mag ich nicht: Meinen Schwiegervater, eine Pudelmütze und Nudeln. Und nun stellen Sie sich vor, wie ich mich fühle, wenn mir mein Schwiegervater mit einer Pudelmütze gegenübersitzt und Nudeln ißt.

Den meisten Menschen fällt es sehr schwer, fertige Urteile über andere loszulassen. Denken Sie einmal darüber nach: Wen und was können Sie am wenigsten leiden? Geben Sie eine Beschreibung einer solchen Person. Auf eine solche Frage höre ich oft die Antwort: »Er widert mich an«, »Sie ist eklig« oder »Er ist ein Gauner«. Solche Äußerungen enthalten aber nur wenig sachliche Information und drücken nur gefühlsmäßige Bewertungen aus. Frage ich dann nach genaueren Informationen, dann kommen schon detailliertere Antworten. Zum Beispiel: »Wenn ich ihm nicht recht gebe, fängt er zu toben an«, »Ständig kritisiert sie andere Menschen negativ«, »Immer unterbricht er mich«. Oder: »Er hat mir gegenüber sein Wort nicht gehalten.« Solche präziseren Beschreibungen, die noch keine endgültigen Beurteilungen sind, können Ihnen helfen daran zu glauben, daß sich der Mitmensch vielleicht von seinem Verhaltensmuster trennen kann. Und vor allem wird eine solche differenzierte Beurteilung Sie nicht dazu bringen, gleich den ganzen Menschen zu hassen.

Menschen haben sich angewöhnt, in Gegensätzen zu denken. Sie teilen die andern nach dem simplen Gegensatz »Gut und Böse« ein, ohne sie von mehreren Seiten zu betrachten.

Eine Frau sagte mir einmal: »Ich hasse alle Menschen, die Alkohol herstellen oder damit handeln.« Als sich ihre Tochter nicht davon abbringen ließ, Brauereiwesen zu studieren, begann die Frau ihre Tochter zu hassen.

Viele Menschen verbannen sogar wegen einer unangenehmen Situation ein Familienmitglied. Kluge Eltern machen aber ihrem Kind früh klar: »Ich werde dich immer lieben, selbst wenn du etwas tust, was ich verabscheue.« Mit dieser Einstellung verabscheuen sie zwar das Verhalten, das sie stört, aber nicht den ganzen Menschen.

Wenn Sie anderer Meinung sind als das Kind, so machen Sie es ihm klar, entziehen ihm aber nicht Ihre Zuneigung.

Hüten Sie sich vor dem Denken in Gegensätzen und davor, alles in Schubladen von Gut und Böse einzuteilen. Das Denken in Gegensätzen ist immer die Ursache für Streit, Auseinandersetzungen und mangelndes Verständnis.

Wenn Sie das Schwarzweißdenken in Gegensätzen ablehnen und sich mehr mit den Dingen beschäftigen, dann erkennen Sie: Das Denken im Schwarzweißgegensatz ist unrealistisch. Es gibt vielmehr viele Schattierungen im Grau dazwischen.

Wenn Sie die ganze Welt immer in Gegensätze aufteilen, dann werden Sie sich auch nie von eigenen und gesellschaftlichen Vorurteilen trennen können. Und wenn Sie Ihre Mitmenschen immer vereinfacht in Gut und Böse trennen, dann werden Sie nie innere Heiterkeit entwickeln.

Wie ist es aber möglich, sich vom Gegensatzdenken zu trennen? Vermeiden Sie, sofort zu urteilen. Halten Sie inne, und setzen Sie Ihr Urteil aus. Tun Sie folgendes: Seien Sie den ganzen Tag achtsam auf das, was Sie sagen. Vermeiden Sie es zu urteilen. Ertappen Sie sich bei einer negativen Bemerkung über jemand, dann versuchen Sie Ihre Aussage neu zu formulieren. Sagen Sie zum Beispiel nicht: »Der Mann ist faul«, sondern »Er hat die Arbeit nicht erledigt«. Beschreiben Sie die Person oder ihr Verhalten, aber nehmen Sie keine Wertungen vor. Sie können sich sogar ein Notizbuch zulegen und jedesmal eine Notiz machen, wenn Sie sich dabei ertrappen, jemand bewertet zu haben.

Ein Industriemanager, der ein solches Büchlein führte, sagte mir: »Ich kam bald dahinter, daß ich ständig meine Frau, meine Kinder, meine Kollegen und auch meine Freunde beurteilte. Erst durch das Aufschreiben wurde mir das Verhalten bewußt. Die Erfahrung war für mich sehr unangenehm, doch sehr nützlich. Jetzt weiß ich, warum es mir schwerfällt, meinen Mitmenschen Wohlwollen und Anerkennung zu schenken.«

Ein anderer Seminarteilnehmer, der die Übung während einiger Wochen durchführte, berichtete mir: »Die Übung hat meine gesamte Art, die Umwelt zu sehen und zu erleben, verändert. Ich lehne meine Mitmenschen nun nicht sofort voreilig wegen Kleinigkeiten ab. Ich vermag nun allen Menschen Zuneigung und Wohlwollen entgegenzubringen.«

Trennen darum auch Sie sich vom Schwarzweißdenken. Die Umwelt verändert sich. Sie ändern sich. Und Sie vermögen leichter Freunde zu gewinnen.

### 3. Sehen Sie nur den Splitter im Auge des andern?

Wer nur den Splitter im Auge des anderen sieht, praktiziert negatives Denken in hohem Maße. Denn mit Sicherheit gibt es am andern auch Positives zu entdecken.

Es gibt viele Kritiker, Meckerer, die am andern nur herumnörgeln und nichts gelten lassen. Phil Bosmann vergleicht den krankhaften Kritiker mit einem verrückten Gärtner, der im Frühling die Bäume zu Tode beschneidet, weil sie ihm nicht gefallen. Er ist ein Reißwolf, der alles kurz und klein macht. Jede Kritik, die nur von ideologischen Standpunkten, Kurzsichtigkeit, Eifersucht oder Haß ausgeht, ist nicht aufbauend, sondern destruktiv. Krankhafte Kritik will verletzen und den Mitmenschen lächerlich machen. Solche Kritiker wollen ein Trümmerfeld hinterlassen. Hat der Kritiker aber den Mitmenschen gern und ist er an seinem Wohl interessiert, dann wird die Kritik für den anderen zum Segen werden. Natürlich ist die Tatsache, immer nur die Splitter im Auge des andern zu sehen, nichts anderes als eine Variante des Schwarzweißdenkens, das im vorigen Abschnitt erwähnt wurde. Und so wird die genannte Übung auch den krankhaften Kritiker von seinem Verhalten abbringen, wenn er sie nur durchführt. Dann lernt er, die Mitmenschen zu verstehen und ihnen Wohlwollen entgegenzubringen. So wird es ihm auch gelingen, Freunde zu gewinnen. Denn schon ein türkisches Sprichwort sagt: *Wer einen Freund sucht ohne Fehler, der bleibt ohne Freund.*

### 4. Einseitige Vorstellungen von Beliebtheit

Noch in den fünfziger Jahren wurde der Wunsch verteufelt, bei vielen beliebt zu sein. Die Ablehnung beruhte auf der Schwarzweißmalerei der Freundschaften, wonach es nur die oberflächlichen, lockeren und die engen, tiefen Freundschaften gebe. Beliebtheit wurde damit gleichgesetzt, die engen, tiefen Freundschaften zugunsten der lockeren, oberflächlichen zu vernachlässigen.

Der Mensch, der sich um Beliebtheit bemüht, wurde als Konformist bezeichnet, der nur bemüht ist, das »Richtige« zu sagen und zu gefallen. Er wurde in seinem Verhalten mit einem Rundumradar verglichen, der die Stimmungen und Meinungen seiner Umwelt registriert und sich dann angepaßt verhält. Er versucht, immer Übereinstimmung zu erzielen. Restlose Anpassung wurde als das Ziel des nach Beliebtheit Strebenden angesehen. Das Streben nach Beliebtheit wurde sogar mit Oberflächlichkeit, Konformität, Opportunismus und Aufgabe der Individualität gleichgesetzt.

Nun hat ein jeder Mensch Sehnsucht nach Anerkennung. Und viele Menschen brauchen Beliebtheit, um ihr Selbstbewußtsein zu stärken. Gefährlich und zur Selbstverleugnung wird das Streben nach Anerkennung erst dann, wenn es das alleinige Ziel ist. In seinen Bestrebungen steht der Mensch immer zwischen seiner Angst vor Ablehnung und Einsamkeit und dem Streben nach Wachstum und Individualität. All das ist aber kein unlösbarer Konflikt. Sie können

- sich um Übereinstimmung bemühen, ohne die eigenen Grundsätze aufzugeben;
- beliebt sein und auch enge Freundschaften schaffen;
- eine eigene Ansicht vertreten, ohne andere zu beleidigen;
- eigene Ziele verfolgen und sich an der Anerkennung für Ihre Leistungen erfreuen.

## 5. Die Angst vor Nähe und Enttäuschung

Viele Menschen wehren sich gegen tiefe Beziehungen, obwohl sie sich im tiefsten Herzen danach sehnen. So äußerte einmal ein junger Mann: »Am liebsten möchte ich meinen Mitmenschen sagen: Laß dich nicht von mir enttäuschen. Ich trage eine Maske, und ich habe Angst, sie abzulegen. Ich fühle mich unsicher und allein. Ich habe Angst und fürchte, du könntest meine Schwächen entdecken. Ich wünschte mir jemand, der mich mag und der mich annimmt. Dann hätte ich das Gefühl, etwas wert zu sein. Ich habe das Gefühl, du könntest mich auslachen und dann abweisen. So spiele ich mit meiner Maske den Sicheren und bin doch ängstlich. Wenn du sehr achtsam bist, dann könntest du vermuten, was ich gern sagen möchte, was ich aber nicht wage. Ich möchte gern aus mir herausgehen. Du mußt mir aber dabei helfen, selbst wenn es so scheint, als wolle ich es nicht. Jedesmal, wenn du dich bemühst, mich zu verstehen, und freundlich zu mir bist, dann bekommt mein Herz Flügel. Es sind zwar noch sehr kleine Flügel, du solltest aber wissen, wie wichtig du für mich bist. Du kannst die Wand niederreißen, hinter der ich mich verstecke. Wenn du willst, kannst du einen neuen Menschen aus mir machen. Laß dich nicht täuschen. Scheint es, ich lehne dich ab, so sehne ich mich im tiefsten Herzen nach dir.«

Der junge Mann beschreibt eine Verhaltensweise, die viele haben. Lassen Sie sich also nicht durch die Maske täuschen, hinter der so viele Menschen ihre Ängste und Unsicherheiten verstekken und sich doch nach guten Beziehungen mit Ihnen sehnen. Übersehen und übergehen Sie solche Menschen nicht, und helfen Sie ihnen aus ihrer Unsicherheit und Einsamkeit. Jeder Mensch hat eine individuelle Seite und eine soziale. Jeder fühlt sich erst dann wohl, wenn er seine Persönlichkeit entwickelt und Freunde gewinnt. Manche Menschen sehen in der Freundschaft eine Bedrohung ihrer Individualität; sie haben Angst, sich selbst zu verleugnen. Hinter jeder Rücksichtnahme wittern sie schon eine Gefährdung des eigenen Egos. Doch die Beziehung zum Mitmenschen muß keinen Konflikt gegenüber der eigenen Individualität hervorrufen. Wenn Sie selbstsicher sind und sich in Ihrer Haut wohl fühlen, können Sie Beziehungen eingehen ohne Angst vor Zurückweisung. Und Sie vermögen auch einmal nachzugeben, ohne den Eindruck zu erwecken, sich unterzuordnen. Und Sie können auch eigene Gedanken und Vorstellungen äußern, ohne vor Kritik Angst zu haben. Sie vermögen gelegentlich allein zu sein, ohne sich einsam zu fühlen. Und Sie können auch Freundschaften eingehen, ohne Angst vor seelischer Nähe zu haben, da Sie durch Nähe nicht verunsichert werden.

### 6. Mit Aggressionen schaden Sie sich selbst

Wer seinen Ärger am Mitmenschen abreagiert, schafft sich Feinde anstatt Freunde. Viel Unheil entwickelt sich aus einem solchen Fehlverhalten. Und mit einem Menschen, der leicht explodiert, will niemand etwas zu tun haben. Der Umgang mit Ärger ist für alle Menschen nicht einfach. Wie gehen Sie mit Ihrem Ärger um? Werden Sie von Ihrem Ärger gelenkt, oder vermögen Sie Ihren Ärger zu lenken?

Der Ärger ist eine Reaktion, ein Strom großer Energien, der auftritt, wenn eine Ihrer Erwartungen nicht erfüllt wird. Natürlich ist es möglich, den Energiestrom gegen den Verursacher des Ärgers zu lenken. Unmut zu äußern ist durchaus richtig. Hüten Sie sich aber davor, die Selbstbeherrschung zu verlieren und den anderen anzuschreien. Setzen Sie den Energiestrom indirekt um, indem Sie joggen, schwimmen oder eine andere Sportart betreiben. Auf diese Art vermeiden Sie, den Ärger ins Unterbewußtsein zu verdrängen, wo er sich so lange ansammelt, bis ein kleiner Zwischenfall bei Ihnen bereits eine unkontrollierte Explosion auslöst. Außerdem sind viele Krankheiten wie etwa Magen- und Darmgeschwüre und Arthritis die Folgen von unterdrücktem Ärger.

Hilfreich für den Abbau von körperlichen und seelischen Verkrampfungen sind Entspannungs- und Meditationsübungen, die ich in meinem Buch »Die universellen Kräfte Ihrer Psyche« beschrieben habe. Diese hilfreichen Techniken können auch an Wochenendseminaren erlernt werden.

Wenn Sie Situationen aus dem täglichen Leben kennen, in denen Sie Angst, Ärger und Aggressionen zeigen, so hilft es wenig, sich vorzunehmen, es das nächste Mal besser zu machen. Denn Sie werden mit hoher Wahrscheinlichkeit wieder in dieselben Fehler verfallen, da Ihr Gehirn Kampfhormone produziert, die Ihre Vernunft ausschalten. Hier vermag nur eine besonnene Analyse während einer ruhigen Zeitspanne zu helfen.

Sehr hilfreich ist es, die ärgerliche Situation schriftlich festzuhalten und die Ihnen zur Verfügung stehenden Handlungsmöglichkeiten zu notieren. Allein das präzise schriftliche Formulieren des Problems hilft Ihnen sehr, sich darüber Klarheit zu verschaffen. Oft ergibt sich, daß sich beim Schreiben die Definition des Problems mehrere Male verändert, bis es endlich klar erfaßt wird.

Haben Sie ein Problem mit einem Mitmenschen, dann besprechen Sie es mit ihm. Bringen Sie dabei deutlich zum Ausdruck, daß Sie den Partner akzeptieren und mögen. Bringen Sie also positive Gedanken in das Gespräch ein. Dann wird die Problemlösung wesentlich besser gelingen.

Natürlich sollen Sie durchaus Ihren Unmut äußern. Nur ärgern sollen Sie sich nicht, weil Sie dann die Fassung verlieren und innere Schmerzen erleiden. Obendrein wird es Ihnen nicht gelingen, die anderen zu ändern, wenn Sie Ihren Ärger zeigen. Der

Ärger verletzt Sie selbst immer mehr als den, gegen den er gerichtet ist.

Haben Sie eigentlich schon einmal darüber nachgedacht, was Sie am meisten erregt? Vielleicht ärgern Sie sich über die Unpünktlichkeit Ihrer Bekannten. Ändern Sie Ihre eigene Einstellung zur Pünktlichkeit, dann werden Sie sich über die Unpünktlichkeit der Mitmenschen weniger ärgern. Damit meine ich nicht, daß Sie selbst unpünktlich sind. Aber Sie haben eine andere Einstellung zur Pünktlichkeit der Mitmenschen und regen sich nicht mehr auf, wenn andere unpünktlich sind.

Schreiben Sie einmal zwei Wochen lang auf, was Sie ärgert. Überlegen Sie sich, welche innere Einstellung von Ihnen hinter den häufigsten Ärgersituationen steht. Wenn Sie Ihre innere Einstellung verändern, dann entscheiden Sie selbst, was Ihnen in Zukunft noch Ärger bereiten wird. Wenn Sie Ihre Erwartungsgewohnheiten verändern, dann erlauben Sie Hinz und Kunz nicht mehr, Einfluß auf Ihr Gefühlsleben zu nehmen.

Ärgerliche Menschen büßen die Achtung ihrer Mitmenschen ein. Denken Sie an die Worte Senecas, der sagte: *Das beste Mittel gegen Ärger ist der Aufschub. Man sollte erst dann handeln, wenn der Ärger vorbei ist.* Trennen Sie sich von der Einstellung, daß die Menschen immer so sein müßten, wie Sie es erwarten. Und Sie werden besser mit anderen auskommen.

### 7. Unklarheit über die eigenen Gefühle

Wenn Sie Ihre Gefühle überhaupt nicht mehr zeigen und ständig Disziplin beweisen wollen, dann verdrängen Sie Ihre Gefühle ins Unterbewußtsein, wo die Energien gestaut werden. Wenn Sie sich Ihrer Gefühle nicht bewußt sind, dann werden Sie auch Schwierigkeiten mit der Kommunikation haben. So vermeinte eine Frau, immer großen Ärger zu empfinden, wenn sie und ihre

Tochter aneinander vorbeiredeten. Als die Frau jedoch ihrer Empfindung auf den Grund ging, lernte Sie ihr wirkliches Gefühl kennen. Sie stellte nämlich fest, daß sie eine große Sehnsucht hatte, ihre Tochter zu verstehen, was sie aber durch ihre ungeschickte Gesprächsführung selbst verhinderte.

Hinter dem Ärger der Frau verbarg sich die Enttäuschung über die unbefriedigende Beziehung zu ihrer Tochter. Wenn Sie sich bemühen, Ihre eigenen Gefühle zu erfahren, so werden Sie feststellen: Es ist nicht immer einfach, das eigene Gefühl kennenzulernen. Manchmal gibt es auch mehrere Gefühle, von denen Sie durchdrungen sind.

Wenn Sie Ihre Gefühle erkennen und wahrnehmen, dann können die jeweiligen Gefühlsenergien immer besser in Ihr Bewußtsein fließen. Wenn Sie eine solche Gefühlsinventur an verschiedenen Tagen bei den unterschiedlichsten Gelegenheiten durchführen, dann erkennen Sie sehr bald, was Ihnen die Bewußtmachung Ihrer Gefühle bringt:

- Die Bewußtheit läßt Ihre Gefühlsenergien frei fließen. Sie werden nicht ins Unterbewußtsein verdrängt.

- Die sachliche Mitteilung Ihrer Gefühle vermeidet Verdrängungen, die sich später unkontrolliert als Angriff entladen.

- Da Sie Ihre eigenen Gefühle besser kennenlernen, entwickeln Sie auch mehr Einfühlungsvermögen und Verständnis für den Partner bzw. die Partnerin.

- Die Bewußtmachung von negativen Gefühlen verhilft dazu, diese aufzulösen.

- Das Bewußtmachen von positiven Gefühlen ermöglicht, die positiven Gefühle zu verstärken und auszudehnen.

- Sie lernen sich auch immer besser kennen, und Ihre Selbstsicherheit wächst.

Ein Mann äußerte einmal: »Es ist für mich sehr schwer, mit anderen in Kontakt zu treten. Meine Fassade ist nahezu undurchdringlich. Ich lasse nichts an mich heran und auch nichts aus mir heraus. Ich habe schon so viele Gefühle unterdrückt, daß ich innerlich fast tot bin.«

Der Mann war sehr traurig darüber, ohne Gefühle im Umgang mit Menschen zu leben.

Es ist nicht einfach, sich immer darüber klar zu sein, was in einem vorgeht. Es wird Ihnen nie völlig gelingen, mit allem, was sich in Ihnen abspielt, in Kontakt zu kommen. Sind Sie aber achtsam auf sich, dann werden Sie dabei immer mehr Fortschritte machen. Sie erfahren eine große Befriedigung, wenn Sie das erleben, was in Ihnen vorgeht. Wenn Sie sich Ihrer Innenwelt voll bewußt sind, werden Sie sich ganz fühlen. Dann sind Sie mit sich eins geworden.

### 8. Falscher Umgang mit den Aggressionen anderer

Mit eigenen Aggressionen schaden Sie der Entwicklung von Freundschaften. Das tun Sie aber auch, wenn Sie sich den Aggressionen anderer gegenüber ungeschickt verhalten. Ist Ihnen schon einmal aufgefallen, wie die meisten Menschen handeln, wenn ihnen gegenüber jemand feindselig auftritt? Die Mitmenschen drängt es, sich zu verteidigen und zu beweisen, daß sie selbst im Recht sind. Wie meistern Sie nun eine Situation, wenn jemand Sie angreift?

1. Verteidigen Sie sich nicht. Atmen Sie tief durch. Lassen Sie sich von dem Gedanken durchdringen: »Ich bin nicht weni-

ger wert, wenn jemand meiner Meinung nicht zustimmt oder mich kritisiert.«

2. Bemühen Sie sich, etwas an den Darlegungen des anderen zu finden, dem Sie zustimmen können, und bringen Sie das auch zum Ausdruck. So vermeiden Sie eine Verteidigungshaltung und haben es leichter, Ihrem Gesprächspartner zuzuhören.

3. Entdecken Sie an aggressiven Äußerungen des Gesprächspartners nichts, dem Sie zustimmen können, dann sagen Sie: »Ich sehe, das ist Ihnen unangenehm.«

Nehmen Sie den Mitmenschen emotional an, selbst wenn er ärgerlich ist. Ist er seinen Unmut losgeworden, dann erst können Sie sich mit ihm vernünftig unterhalten. Spannungen sind ein Bestandteil zwischenmenschlicher Beziehungen. In dem Maße, in dem Sie Spannungen meistern können, werden Sie es schaffen, mehr Freunde zu gewinnen. Sie zeigen, daß Sie den anderen emotional annehmen, wenn Sie ihm sagen: »Ich kann deine Gefühle verstehen.« Oder: »Ich danke dir für deinen Beitrag.« In jedem Fall wäre es falsch zu sagen: »Das ist eine dumme Bemerkung.« Oder: »Lächerlich.« Oder: »Weißt du eigentlich, was du sagst?«

Es gibt immer Menschen, die Sie durch ihre Bemerkungen verletzen wollen. Viele projizieren auf ihre Mitmenschen die Fehler, die sie selbst haben. Seien Sie sich bewußt: Sie sind der Lenker Ihrer Gefühle, nicht die anderen. Will jemand Sie herabsetzen, dann denken Sie daran: Sie zeigen Minderwertigkeitsgefühle, wenn Sie die Herabsetzung annehmen.

Will jemand Sie verletzen, dann ist es ratsam, nicht sofort etwas zu sagen, da Ihnen vielleicht keine passende Antwort einfällt oder Sie womöglich zu stottern beginnen, weil Sie um die Antwort ringen. Sie können sagen: »Was Sie da sagen, ist sehr unfreundlich.« Oder Sie geben – je nach Situationen – eine schlagfertige oder humorvolle Antwort.

Natürlich können Sie eine Frage auch mit einer Gegenfrage beantworten. Das verwirrt den Angreifer, da er überlegen muß, ob Ihre Gegenfrage nicht die Beantwortung seiner Frage ist. Und natürlich müssen Sie nicht jede Frage beantworten. Nicht der andere, Sie bestimmen, was Sie tun.

## 9. Ungesunder Egoismus schadet Ihnen

Der gesunde Egoismus kann auch als Selbsterhaltungstrieb bezeichnet werden. Gesunder Egoismus ist notwendig, um die eigene Persönlichkeit zu entwickeln. Der gesunde Egoismus verträgt sich durchaus mit Zuwendung, Einsatzbereitschaft und Güte den Mitmenschen gegenüber. Ganz anders sieht es beim ungesunden Egoismus aus, der auch als Selbstsucht bezeichnet werden kann. Dem Selbstsüchtigen fehlt es an einfühlendem Verständnis, Mitgefühl und Güte. Er hat die Neigung, andere bis zur Gewissenlosigkeit auszunutzen. In der Pause eines Seminars berichtete mir einmal eine 63jährige Dame, wie sehr sie es vermißt, von der Umwelt keine Zuwendung und Liebe zu erhalten. Sie zitierte mehrere Bibelstellen, in denen steht, wie lebensnotwendig Liebe und Zuwendung für den Menschen sind. Ich konnte das Verhalten der Dame in den weiteren Pausen des Seminars beobachten. Was tat sie? Sie sprach nur über sich selbst, sie ging überhaupt nicht auf ihre Nachbarn ein. All ihr Interesse drehte sich nur um die eigene Person. Der Antrieb zu einem Leben in Gesellschaft ist ein Grundtrieb und Bedürfnis jedes gesunden Menschen. Sie wollen nicht allein sein und zudem den Bewußtseinshorizont anderer Menschen erleben. Sie brauchen den Mitmenschen als Gegenpol und wollen mit ihm kommunizieren. Nun kann das Streben nach mitmenschlicher Bezogenheit aber auf ein Minimum beschränkt werden. Das ist der Fall bei jenen Menschen, die mit vielen Mitmenschen »nichts anfangen« können, ihnen nichts zu sagen haben, von ihnen möglichst wenig wissen wollen und sich nicht für die Mitmenschen interessieren. Zu jenen Menschen gehörte die ältere Dame, die zwar unter ihrer Einsamkeit litt, bei der aber das mitmenschliche Interesse schon sehr verkümmert war.

Das Streben des Miteinanderseins führt Sie über den engen Horizont des individuellen Fürsichseins hinaus. In solchen Erfahrungen haben Sie Erlebnisse der Teilhabe an einem überindividuellen Ganzen. Es ist die Aufgabe Ihres menschlichen Daseins, den Ausgleich zu finden zwischen dem Leben im Miteinander und der Bewahrung und der Entfaltung der Individualität.

Die menschlichen Bestrebungen erschöpfen sich nicht nur im Miteinander. Menschen entwickeln auch ein Bedürfnis des Füreinanderdaseins und sind von sich aus darauf aus, dem andern zu helfen. Nicht selten erfahre ich den Drang zum Helfenwollen, wenn mich Seminarteilnehmer fragen, wie sie diesem oder jenem Bekannten in einer mißlichen Situation am besten beistehen können. Im Füreinanderdasein bezieht sich die Mitverantwortung auf die Familie, das Volk und die Menschheit. Der Mensch ist sich bewußt, daß er an der Bewahrung und der Erhaltung des überindividuellen Ganzen mitzuarbeiten hat. Diese schon erwähnten Erlebnisse des Teilhabens an einem überindividuellen Ganzen geben eine große Befriedigung.

Denken Sie darüber nach: Welche Möglichkeiten wollen Sie ergreifen, um Ihrer Familie, Ihren Freunden und der Gemeinschaft zu helfen? Für welches Anliegen wollen Sie sich einsetzen, das der ganzen Menschheit dient?

## 10. Ein Erlebnis zeigt eine alte Wahrheit

Vor einigen Jahren verbrachte ich ein Wochenende in einem Hotel am Spitzingsee in Bayern. Als ich am Nachmittag durch den Ort lief, sah ich einen etwa 55jährigen Herrn, der mit seinem großen Hund einen Spaziergang durch den Ort machte. Sie kamen an einem Geschäft vorbei, vor dem ein Schäferhund lag und auf seinen Herrn wartete. Der Hund des älteren Herrn bellte den Schäferhund an, der sich erhob und einige Schritte auf den anderen Hund zulief. Da der ältere Herr zu schimpfen begann, machte der Schäferhund wieder kehrt und legte sich lautlos vor dem Geschäft nieder. Der Mann steigerte sich in eine solche Wut hinein, daß er den liegenden Hund mit seinem Stiefel in die Seite trat, so daß dieser vor Schmerzen aufjaulte.

Da ich über ein solches Verhalten empört war, sagte ich dem Mann: »Der Schäferhund hat doch weder Ihrem Hund noch Ihnen auch nur das Geringste getan. Warum tun Sie das?«

»Ich werde dem Hund schon seine Aggressionen abgewöhnen«, schrie er mich an.

Ich entgegnete ruhig: »Das Problem sind allein Ihre Aggressionen und sonst nichts.«

Da brüllte er mich an: »Ich komme gleich zu Ihnen rüber und schlage Ihnen ein blaues Auge.«

Jetzt schaute ich mir den Mann genauer an. Ein großes blaues Auge verunstaltete bereits sein eigenes Gesicht. Tatsächlich kam er auf mich zu. Da er aber bei mir keine Angst spüren konnte – vielleicht dachte er auch an das blaue Auge, das er bereits hatte – machte er wieder kehrt und beschimpfte mich lautstark.

Menschen verhalten sich anderen gegenüber so, wie es ihrem eigenen Bewußtseinszustand entspricht. Ist dieser aggressiv und nicht friedfertig, dann verzerren sie die Wahrheit, um ihre destruktiven Bewußtseinszustände auszuleben.

Schon der Buddhismus sagt: *In ihren Beziehungen spiegelt*

*sich ihr eigenes Wesen.* Und wer zum Beispiel selbst von Haß erfüllt ist, wird ihn auch in jede Beziehung fließen lassen. Jeder muß sich selbst zum Guten verändern, wenn seine Beziehungen besser werden sollen. Und wer selbst keinen inneren Frieden hat, wird solchen auch nicht in der Begegnung mit anderen Menschen erfahren.

Fangen Sie daher bei sich selbst an. Verändern Sie sich zum Guten, dann verbessern sich auch Ihre Beziehungen. Und Sie werden Freunde gewinnen.

## 11. Falscher Stolz und Borniertheit zerstören Kontakte

Eine Frau erzählte mir:

»Ich kann überhaupt nicht mehr schlafen. Jeden Abend muß ich ein Schlafmittel nehmen.«

Als ich sie nach dem Grund fragte, entgegnete sie: »Ich habe mich mit meiner Tochter entzweit, da ich meinen Schwiegersohn nicht ausstehen kann. Nun hat meine Tochter Silberhochzeit, und es ärgert mich doch, daß mein Mann und ich nicht dazu eingeladen werden.«

Ich sagte der Dame: »Wollen Sie denn Ihrer Tochter nicht gratulieren und einen Blumenstrauß schicken?« Empört wehrte die Dame ab: »Nein, das tun wir nicht. Schließlich haben wir auch unseren Stolz.« Ich erwiderte: »Dann wird Sie Ihr Gewissen des Nachts weiter quälen. Ihr Verhältnis zur Tochter wird endgültig zerbrechen, und Ihr falscher Stolz wird Ihnen überhaupt nicht helfen.«

Die Dame wehrte sich zuerst dagegen. Da sie jedoch auf meinen Rat der Tochter wieder regelmäßig zu Ostern, zu Weihnachten und zum Geburtstag schrieb, wurde das Verhältnis wieder gut.

Die Geschichte ist nur ein Beispiel von vielen ähnlichen Situationen. Falscher Stolz und Borniertheit haben in den Beziehungen von Menschen schon sehr viel Schaden angerichtet. Überwinden Sie falschen Stolz und Borniertheit. Dann fühlen sich alle Beteiligten wohler.

## 12. Schädliche Ich-Bezogenheit isoliert

Manche Menschen sind in einem solchen Geflecht von auf sich selbst bezogenen Vorstellungen gefangen, daß sie sich selbst in die Einsamkeit reinmanövrieren. So wird vielleicht jemand von einem Bekannten auf der Straße nicht gegrüßt, weil der andere in Gedanken versunken ist. Gleich denken nicht wenige Menschen, der andere habe sie nicht grüßen wollen. Sie nehmen sich vor, ihn beim nächsten Mal nicht zu beachten. Und schon beginnt die Entfremdung. Es gibt sogar Menschen, die können innerhalb einer Gemeinschaft vereinsamen, seien es nun Kinder oder Ehepartner. Solche Menschen werden mit den Mitmenschen und mit dem Leben nicht mehr fertig. Eine solche Einsamkeit ist aber kein Schicksal, sondern selbst verursacht.

Wenn jemand begreift, daß er selbst für seine Einsamkeit verantwortlich ist, dann kann er seinen Kerker um sein Herz aufbrechen und wieder Kontakt mit den Menschen aufnehmen.

Mir fällt dabei ein Gespräch mit einer älteren Dame ein, das ich mit ihr nach einem Seminar führte. Sie sagte: »Ich bekomme von der Umwelt keine Zuwendung.« Als ich sie fragte, wem sie denn Zuwendung gebe, schimpfte sie auf ihre Eltern, die an ihrem Unglück schuld seien.

Ich sagte zu ihr: »Warten Sie doch nicht auf die Zuwendung. Geben Sie den Mitmenschen Zuwendung.« Sie schaute mich entgeistert an. Einen solchen Rat hatte sie nicht erwartet.

Als ich sie einige Wochen später traf, erzählte sie: »Ich habe

Ihren Rat, bei Nachbarn den Babysitter zu spielen, in die Tat umgesetzt. Das Kind hat mir sogar einen Kuß gegeben und Tante zu mir gesagt. Am Tag darauf haben mich sogar die Eltern des Kindes besucht und mir einen Blumenstrauß mitgebracht. Das habe ich in den letzten zehn Jahren noch nie erlebt.«

Es ist ein langer Weg für jeden, den eigenen falschen Egoismus zu überwinden. Jeder will immer selbst im Mittelpunkt stehen und bewundert werden. Menschen sind erfüllt von Eitelkeit und Geltungsdrang, und sie haften am Besitz. Und so verlieren sie ihre Freiheit. Doch der freie Mensch nimmt alles als Geschenk und will sich nicht daran festklammern.

Ein chinesischer Weiser sagte: *Der höchste Mensch gebraucht sein Herz wie einen Spiegel. Er geht den Dingen nach und geht ihnen nicht entgegen, er spiegelt sie wider, aber er hält sie nicht fest. Bis aufs letzte nimmt er entgegen, was der Himmel ihm spendet, und hat doch, als hätte er nichts.*

Nehmen Sie sich vor, Ihren Lebensweg als Pfad zur Reife zu gehen. Lassen Sie sich nicht allein vom Erwerbs- und Erfolgsstreben leiten.

Sie verfehlen Ihren Lebenssinn, wenn Sie unduldsam, eigensinnig, zänkisch, mißtrauisch, wichtigtuerisch und besserwisserisch werden. Suchen Sie die Ursachen bei sich selbst und nicht bei den anderen. Bringen Sie das zur Entfaltung, was in Ihnen verborgen ist.

Nehmen Sie sich vor, sich freundlich, verständnisvoll, geduldig und gelassen dem Mitmenschen zuzuwenden und keinen bösen Gedanken zu hegen. Nehmen Sie sich vor, nicht mißtrauisch zu sein und Ihr Einfühlungsvermögen zu verbessern. Bitten Sie die um Verzeihung, die Sie verletzt haben.

Überprüfen Sie sich am Abend: Habe ich nach meinen Vorsätzen gehandelt?

Dann entwickeln Sie immer mehr auch die Eigenschaften, die Ihnen helfen, anderen ein guter Freund, eine gute Freundin zu sein.

## 13. Korrigieren Sie Ihre Vorstellungen über Ihre Möglichkeiten

Sind Sie vielleicht der Meinung, Sie seien ungesellig und könnten keine Freunde gewinnen? Und tendieren Sie dazu, diese Schwierigkeit mit der Einstellung zu entschuldigen: »Ich bin nun einmal so, und an meiner Veranlagung läßt sich nichts ändern.« Dann wird es höchste Zeit, daß Sie Ihren Irrtum korrigieren. Sie haben nämlich verborgene Kräfte und Möglichkeiten. Wenn Sie wollen, dann können Sie sich in einen Menschen verwandeln, der sehr gesellig ist und dessen Freundschaft die anderen suchen.

Vielleicht drängt Sie Ihr Verstand, an Ihrer Bequemlichkeit festzuhalten, indem Sie sagen: »Wer sich von den genannten negativen Verhaltensweisen trennt, der ist auf eine oberflächliche Art liebenswürdig, er muß aber noch keinen positiven Charakter haben. Und ist es nicht oft so, daß viele Menschen Liebenswürdigkeiten zeigen, um ihre Mitmenschen besser für ihre egoistischen Zwecke auszunützen? Und ist es nicht besser, zu den Menschen zu gehören, von denen das Sprichwort sagt, sie hätten einen guten Kern in einer rauhen Schale?«

Schon der bedeutende Philosoph Emanuel Kant wies darauf hin, daß das Sprichwort nur zu oft dafür benutzt wird, um sich nicht zu ändern. Er sagt: »Von allen deutschen Sprichwörtern mißfällt mir am meisten das vom ›süßen Kern in der rauhen Schale‹. Wer sagt mir denn, ob in der rauhen Schale tatsächlich ein süßer Kern steckt, ja, ob überhaupt ein Kern drin ist? Ich will mich nicht an einer rauhen Schale reiben, mit der geringen Hoffnung, vielleicht einen süßen Kern zu finden. Mir ist eine polierte

Schale lieber. Schließt sie einen süßen Kern ein, um so besser. Wo nicht, habe ich an der polierten Schale mehr Freude gehabt als an der rauhen.« Wer ehrlich zu sich selbst ist, wird zugeben, daß Menschen mit einer rauhen Schale abstoßend wirken. Und so haben solche Menschen mehr Feinde als Freunde. Wer könnte dabei noch stolz auf seine rauhe Schale sein?

Denken Sie daran: Sie *sind* nicht Ihr Verhalten, sondern Sie *haben* nur ein Verhalten. Das können Sie ändern. So werden Sie zu dem/der, der/die Sie sind. Ändern Sie also Ihre Verhaltensweisen. Das ist ein sicherer Weg, erfolgreicher im Leben zu sein und Freunde zu gewinnen. Sie haben die Fähigkeiten! Und Sie schaffen es!

**Zusammenfassung**

1. Die Worte Laotses »Das Wahre ist einfach zu verstehen und leicht zu befolgen« gelten besonders für den Umgang mit Mitmenschen.

2. Betreiben Sie mit Tabelle I Selbsterforschung. Von welchen Verhaltensweisen werden Sie sich trennen?

3. Nehmen Sie die Tabelle I in der Woche mehrmals zur Hand. Welche Verbesserungen sind erfolgt? Was gilt es noch zu tun?

4. Hüten Sie sich vor dem Denken in Gegensätzen, das alles in Gut und Böse einteilt.

5. Tragen Sie in ein Notizbuch ein, wenn Sie sich bei einer Bewertung ertappen. Das hilft Ihnen, vom Bewertungsverhalten Abstand zu gewinnen.

6. Wer einen Freund ohne Fehler sucht, der bleibt ohne Freund.

7. Zur Selbstverleugnung wird das Streben nach Anerkennung, wenn es das alleinige Ziel ist.

8. Sie können sich um ein positives Verhältnis zu den Mitmenschen bemühen, ohne Ihre eigenen Grundsätze aufzugeben.

9. Viele Menschen wehren sich gegen tiefe Beziehungen, obwohl sie sich im tiefsten Herzen danach sehnen.

10. Stärken Sie Ihre Individualität. So vermögen Sie Beziehungen zu Mitmenschen einzugehen, ohne Angst zu haben.

11. Sie müssen nicht jede Frage beantworten. Und natürlich können Sie auch ausweichend antworten.

12. Setzen Sie Ihren Ärger in Bewegungsenergie um. Seien Sie dabei achtsam auf Ihren Körper, und denken Sie nicht an den Verursacher des Ärgers.

13. Entspannung und Meditation helfen, Ärger zu überwinden.

14. Natürlich sollen Sie Unmut äußern. Doch bei Ärger geraten Sie außer Kontrolle und schaden sich selbst.

15. Machen Sie eine Inventur über die Dinge, die Sie am meisten ärgern. Hinterfragen Sie Ihre innere Einstellung. Und verändern Sie ihre Erwartungshaltung.

16. Unterdrückung Ihrer Gefühle führt zu körperlichen Leiden und zu Schwierigkeiten in der Kommunikation.

17. Die Gefühlsinventur hilft Ihnen, Ihre Gefühle besser zu lenken, Verständnis und Einfühlungsvermögen für die Mitmenschen zu entwickeln.

18. Lassen Sie sich durch Angriffe von Mitmenschen nicht in Ihrem Selbstwertgefühl herabsetzen.

19. Entdecken Sie an den Äußerungen des anderen nichts, dem Sie zustimmen können, dann sagen Sie: »Ich sehe, es ist Ihnen sehr unangenehm.«

20. *Sie* sind der Lenker Ihrer Gefühle, nicht die anderen.

21. Sie gewinnen dann Freunde, wenn Sie den Mitmenschen emotional annehmen.

22. Nehmen Sie einen Ausgleich zwischen Ihren Bestrebungen nach Individualität und der Zuwendung den Mitmenschen gegenüber vor.

23. Ihr Miteinandersein mit anderen führt Sie über den engen Horizont des individuellen Fürsichseins hinaus. Sie haben Erlebnisse der Teilhabe an einem überindividuellen Ganzen.

24. Was wollen Sie tun, um Ihrer Familie, Ihren Freunden und der Gemeinschaft zu helfen?

25. Mit falschem Stolz und Borniertheit schaden Sie Ihren Beziehungen.

26. Ihre Beziehungen sind der Ausdruck Ihres Wesens.

27. Die Einstellung: »Ich bin nun einmal so, daran läßt sich nichts ändern«, ist falsch.

28. Sie vermögen sich von allen Verhaltensweisen zu trennen, mit denen Sie sich keine Freunde schaffen!

29. Glauben Sie an Ihre verborgenen Kräfte und Möglichkeiten!

# Kapitel 3

# Mit positivem Denken, Heiterkeit und Humor Freunde gewinnen

## 1. Trennen Sie sich von Verbitterung

Wissen Sie, was dem Menschen das größte seelische Leid und den größten seelischen Schaden zufügen kann? Es ist die Verbitterung. Wenn Sie sich über die Ungerechtigkeiten der Welt aufregen, dann verkrampfen Sie sich. In einer solchen verbitterten Haltung des Gemüts tendieren Sie dazu, das Gute in Ihrem Leben nicht mehr zu erkennen: Sie neigen dazu, die Welt und die Mitmenschen abzulehnen. Um nicht der Verbitterung zum Opfer zu fallen, müssen Sie sich bewußt machen: Es gibt auf der Welt keine Gerechtigkeit. Alle Religionen haben sich zwar mit der Ungerechtigkeit der Welt beschäftigt, aber es bringt Sie nicht weiter, sich mit den Theorien zu beschäftigen. Bleiben wir besser bei den Tatsachen. Finden Sie sich mit den Ungerechtigkeiten der Welt ab wie mit schlechtem Wetter, an dem Sie auch nichts ändern können.

Denken Sie daran: Die äußeren Umstände sind nicht entscheidend dafür, wie Sie sich fühlen. Sie haben es in der Hand, die Richtung Ihrer Gedanken und Gefühle zu bestimmen.

Viele Menschen malen sich aus, wie glücklich sie wären, wenn sie dieses oder jenes besäßen. Und weil sie es nicht haben, werden sie verbittert. Ein Mann sagte zu seinen Bekannten: »Warum bist du nicht mit dem zufrieden, was du hast?« Darauf erwiderte der Mann: »Das bin ich auch. Doch was ich habe, macht mich unglücklich.« Zurück zu Ihnen. Denken Sie an das Gute, das Sie haben? Wäre es aber nicht besser, sich vorzustellen, wie unglücklich Sie wären, wenn Sie etwas, das Ihnen lieb und teuer ist, nicht mehr besitzen? Sie selbst bestimmen den Zustand Ihres Bewußtseins. Denken Sie an das Gute in Ihrem Leben. So schützen Sie sich vor Verbitterung.

## 2. Pessimismus ist ein Verlust an Selbstkontrolle

Der Pessimist sieht nur die Schattenseiten des Lebens. Der Pessimist sieht nicht die ganze Wirklichkeit, sondern nur einen Ausschnitt davon. Er nimmt einseitig wahr. Daher ist eine pessimistische Grundeinstellung Ausdruck mangelnder Selbstkontrolle. Pessimismus ist das sicherste Mittel, sich selbst und anderen das Leben zu vergällen. Deshalb wird der Pessimist keine Freunde finden.

Der Pessimist hat eine leidende Einstellung zum Leben. Wenn Sie Kummer loswerden wollen, dann müssen Sie Ihre Kräfte auf etwas Positives lenken und handeln. Sagen Sie also nicht: »Das Leben ist schrecklich«, sondern »Ich gestalte mir das Leben so, daß ich Freude habe.« Selbst eine so einfache Aktivität wie das Ordnen eines Schrankes wird wegen der Betätigung der eigenen Kraft belebend. Nicht Zerstreuung beendet Ihre Sorgen. Sie schaffen es nur, wenn Sie Ihre Kräfte sammeln und Ihren Willen auf eine positive Tätigkeit richten. Sammlung und Konzentration sind notwendig, um Pessimismus zu überwinden. Sie trainieren Ihre Konzentrationsfähigkeit, wenn Sie die Technik der Visualisierung und der Meditation anwenden. Ich habe die eine Technik in meinem Buch *Die helfende und heilende Kraft der Symbole* und die andere in meinem Buch *Die universellen Kräfte Ihrer Psyche* beschrieben.

## 3. Heiterkeit wirkt belebend auf die Freundschaft

Schon Goethe sagte:

*Ich liebe mir den heitern Mann*
*am meisten unter meinen Gästen:*

*Wer sich nicht selbst zum besten haben kann,*
*Der ist gewiß nicht von dem Besten.*

Die Heiterkeit ist eine Lebensgrundstimmung. Der/die Heitere hat eine innere Helligkeit, denn er/sie hat etwas Sonniges in seinem/ihrem Wesen. Neben dem Sonnigen gehört zur Heiterkeit eine innere Gehobenheit, Leichtigkeit und Befreitheit. Der Heitere ist frei von Spannung und Druck. Er erlebt das Dasein nicht als Kampf und Not. Wer nervös ist und sich dauernd von Widerständen bedroht sieht, verbraucht viel seelische Energie und ist zur Heiterkeit nicht fähig. Der Heitere ist nicht von Unzufriedenheit getrieben und fühlt sich auch nicht so leicht gekränkt. Der Heitere ist dankbar für die Dinge des Alltags, er kann sich freuen und ist dankbar. Der Heitere erlebt die Umwelt nicht als etwas Feindseliges, das ihn bedrängt. Er ist dem Mitmenschen gegenüber aufgeschlossen und bejahend. Der Heiterkeit sind auch die Güte und das Wohlwollen verwandt. Gewiß haben Sie auch einmal die positive Wirkung erlebt, die von einem heiteren Menschen ausgeht. Sie haben die Empfindung, daß er in Ihnen die Sonne zur Entfaltung bringt.

Negative Einstellungen wie Mißgunst, Neid, Gehässigkeit, Aggressionen und Geltungssucht fehlen beim heiteren Menschen. Heiterkeit ist eine ganz wichtige Eigenschaft, um Freunde zu gewinnen. Jeder fühlt sich in der Gegenwart eines heiteren Menschen wohl und als Mensch angenommen.

## 4. Wie Sie Heiterkeit entfalten

Das Denken in Gegensätzen verhindert, innerlich heiter zu werden. Ein solcher Gegensatz ist zum Beispiel Gut/Böse. Anstatt Mitmenschen nach dem Gegensatz »gut« und »böse« einzuteilen, ist es notwendig, sie von allen Seiten zu betrachten. Darauf wurde schon hingewiesen. Das Denken in Gegensätzen trennt Sie von der Wirklichkeit. Wenn Sie das Denken in Gegensätzen überwinden, vermögen Sie Ihren Mitmenschen leichter Wohlwollen und Anerkennung zu schenken.

Sie entwickeln innere Heiterkeit, wenn Sie einen Sonnenaufgang in Ihrem Herzen visualisieren. Ich habe diese Übung in meinem Buch *Die helfende und heilende Kraft der Symbole* sehr ausführlich beschrieben. Die Übung hilft Ihnen, das Sonnenhafte in Ihrem Wesen zu entfalten.

Aber auch etwas anderes ist wichtig. Sehen Sie den Umgang mit Mitmenschen nicht als Plackerei, sondern als Spiel an.

Wenn Sie die Welt anders haben wollen, als sie ist, werden Sie bald Ihre Heiterkeit verlieren. In der Jugend staunt jeder noch über alles, das er sieht und erlebt. Dann macht er sich Gedanken darüber, wie die Welt sein sollte. Und wenn sie dann den eigenen Erwartungen nicht entspricht, wird er ärgerlich. Nun kann zwar jeder etwas tun, um Dinge zu ändern, die ihm nicht gefallen. Klugheit ist aber, nicht über Dinge wütend zu werden, die Sie nicht ändern können. Es gibt einen weisen Spruch:

*Herr, gib mir die Stärke, die Dinge zu ändern, die geändert werden können, die Geduld, diejenigen zu akzeptieren, die nicht geändert werden können, und die Weisheit, den Unterschied zu erkennen.*

Ihre Heiterkeit werden Sie auch dann verlieren, wenn Sie zu übertriebener Selbstkritik neigen. Sind Sie oft mit sich unzufrieden? Dann überlegen Sie: Kommt nicht Ihre Unzufriedenheit dadurch zustande, daß Sie Normen entsprechen wollen, die von außen an Sie herangetragen werden? An sich zu arbeiten und sich zu verbessern darf nicht damit verwechselt werden, Gefühle der Unzulänglichkeit aufzubauen.

Wenn Sie innere Heiterkeit entwickeln wollen, dann müssen

Sie wieder lernen, gelegentlich auch etwas verrückt zu sein. Ich meine nicht verrückt zu sein in dem Sinne, daß Sie durchdrehen und in einer Zwangsjacke landen. Mit verrückt sein meine ich, etwas zu verrücken und sich von eingefahrenen Gleisen zu lösen.

Und Sie müssen es ja auch nicht wie der Mann im folgenden Witz machen:

Ein Gast kommt ins Restaurant und trägt eine Spargelstange hinter dem Ohr. Der Ober ist überrascht, wagt aber nichts zu sagen. Dann kommt der Gast täglich, immer mit einer Spargelstange hinter dem Ohr. Schließlich faßt sich der Ober ein Herz und sagt sich: Wenn er heute kommt, dann frage ich ihn. Als der Gast diesmal das Lokal besucht, hat er einen Petersilienstengel hinter dem Ohr.

Der Ober sagt: »Entschuldigen Sie, mein Herr, darf ich fragen, warum tragen Sie einen Petersilienstengel am Ohr?«

Der Gast antwortet: »Ja wissen Sie, heute habe ich keinen Spargel bekommen.«

Vor mehreren Jahren bin ich mit einem Bergführer auf das Allalin, einen Viertausender im Wallis in der Schweiz gestiegen. Da ich begeisterter Fotograf bin, trug ich eine Kamera und eine Tasche mit mehreren Wechselobjektiven auf den Gipfel, um dort verschiedene Aufnahmen zu machen. Als wir wieder im Tal waren, meinte der ältere Bergführer zu mir: »Einen Menschen wie Sie, der so viel auf einen Gipfel geschleppt hat, habe ich in meiner ganzen Bergführertätigkeit nicht erlebt.«

Jeder ist eben auf seine Weise verrückt. Verrücken Sie gelegentlich auch Ihre Verhaltensweisen. Seien Sie manchmal etwas verrückt. Sie werden erstaunt sein, wie Ihre innere Heiterkeit wächst. Es hilft Ihnen auch, zu innerer Heiterkeit zu gelangen, wenn Sie spontan werden und etwas Neues tun: Als ich vor mehreren Jahren Südamerika bereiste, schlief ich über zwei Wochen nur in einem Zelt. Es war eine Notwendigkeit, da wir längere Zeit abseits der Zivilisation unterwegs waren. Ich hatte vorher überhaupt keine Ahnung, wie positiv sich das auf mein Lebensgefühl auswirken würde. Werden Sie also wieder spontan. Tun Sie etwas Neues. Schrecken Sie nicht davor zurück. Dann werden Sie auch mehr Heiterkeit entwickeln. Verlieren Sie auch nicht Ihre innere Heiterkeit, wenn Sie einen Fehler begangen haben. Jeder lernt aus eigenen Fehlern. Es setzt Ihren Wert nicht herab, wenn Sie einen Fehler machen. Wenn Sie sich gegen jeden Fehler absichern wollten, beraubten Sie sich der Möglichkeit, innerlich zu wachsen.

Ohne Hoffnung und Selbstvertrauen gibt es keine Heiterkeit. Wie aber bauen Sie mehr Hoffnung auf? Entscheiden Sie sich dafür, daran zu glauben, daß Sie sich von keinen äußeren Einflüssen unterkriegen lassen. Das eigene aufgeblasene Ich und die Angst, die eigene Rolle nicht gut zu spielen, hat schon viele Menschen in Spannungszustände und um die Heiterkeit gebracht. Humor ist eine ausgezeichnete Möglichkeit, sich von sich selbst zu distanzieren. Damit wollen wir uns in den Abschnitten 6 bis 10 beschäftigen. Bemühen Sie sich um innere Heiterkeit? Denken Sie daran: Nicht die anderen, Sie selbst sind für den Zustand Ihres Bewußtseins verantwortlich. Ihr Wohlbefinden hängt nicht vom Zufall ab; Sie haben es in der Hand. Lenken Sie Ihre Gedanken auf etwas Positives. Lassen Sie los, was nicht mehr zu ändern ist. Entwickeln Sie innere Heiterkeit.

## 5. Lächeln als Ausdruck der inneren Haltung

Ist Ihnen schon einmal aufgefallen, daß Sie lächeln, wenn Sie sich auf etwas freuen oder sich an ein schönes Erlebnis erinnern? Lächeln ist Ausdruck einer inneren Heiterkeit. Das Bild eines lächelnden Menschen hat bei allen Völkern unterschiedlichster Kulturen die gleiche positive Bedeutung.

Versuchen Sie einmal zu lächeln, nicht später, sondern sofort. Stellen Sie fest, daß sich das Lächeln positiv auf Ihren Gemütszustand auswirkt?

Bei der ersten Kontaktaufnahme zu einem anderen Menschen spielt das Lächeln eine große Rolle. Erinnern Sie sich: Wie fühlten Sie sich, als jemand Sie anlächelte? Hatten Sie nicht das Gefühl, Ihr Gegenüber freue sich aufrichtig, Sie kennenzulernen? Eine echte Schönheit ist nicht etwas Körperliches. Sie strahlt aus der Tiefe und ist etwas Geistiges. Der Dichter Franz Werfel schrieb: *Lächeln ist keine Falte. Lächeln ist ein Wesen von Licht.* Durch ein Lächeln wirkt jedes Gesicht schön. Wenn Sie einem Mitmenschen ein Lächeln schenken, so verlieren Sie die Fassade und zeigen sich als Mensch. Mit Ihrem Lächeln schlagen Sie eine Brücke vom Ich zum Du. Es ist Ihnen nicht möglich, die Schönheit Ihres Gesichts zu sehen, wenn Sie lächeln. Es sei denn, jemand mache unbeobachtet ein Foto von Ihnen, wenn Sie es tun. Wenn Sie in den Spiegel schauen, sehen Sie nur das typische Spiegelgesicht, das wie eine Maske ist. Wenn Sie aber mit einem Menschen reden, den Sie mögen, dann beginnt Ihr Gesicht zu leuchten. Ihr Geist strahlt aus Ihrem Gesicht. Alle können es sehen, nur Sie selbst nicht. Manche Menschen wagen nicht zu lächeln, weil sie sich vor einer Ablehnung fürchten. Doch diese Einstellung ist falsch. Haben Sie keine Angst davor, daß Ihr Gegenüber nicht zurücklächelt. Die Chance, daß Ihr Lächeln erwidert wird, ist genauso groß wie die Chance, daß es nicht erwidert wird. Lächelt der andere nicht zurück, dann stellt er sich selbst ein Armutszeugnis aus. Und erwidert er Ihr Lächeln, dann sind Sie sich schon etwas nähergekommen.

## 6. Das Kennzeichen des Humors

Der Berliner Zoologe Heck berichtet in seinen Lebenserinnerungen, wie er einmal in Gehrock und Zylinder zu einer Beerdigung gegangen sei. Als er versuchte, auf die fahrende Straßenbahn zu springen, rutschte er aus. Der Zylinder fiel ihm vom Kopf, und er setzte sich, als ob er es beabsichtigt hätte, genau darauf, so daß der Zylinder platt war. Ein vorbeifahrender Droschkenkutscher beobachtete die Szene kopfschüttelnd. Er rief dem Zoologen zu: »Männeken, Männeken, wat soll det! Det sind doch brotlose Kinste.« Der Berliner Droschkenkutscher hatte Humor.

Manchmal entspricht das, was Sie wollen, nicht dem, was Sie vollbringen. Das geht aber jedem so. Wenn Sie bei Mißgeschikken, die Ihnen widerfahren, auch noch eine heitere Seite zu entdecken vermögen, dann haben Sie Humor. Humor hilft Ihnen über die Unzulänglichkeiten der Welt hinweg und befreit von ihrem unangenehmen Druck.

Hier einige Definitionen zum Humor:

*Humor ist, mit einer Träne im Auge lächelnd dem Leben beipflichten.* (Beutelrock)

*Der Humor ist die einzige absolute Geburt des Lebens.* (Hebbel)

*Humor ist überwundenes Leiden an der Welt.* (Jean Paul)

*Humor ist der Schwimmgürtel auf dem Strom des Lebens.* (Rabe)

*Humor ist Distanzgefühl.* (Brecht)

*Humor ist der Knopf, der verhindert, daß uns der Kragen platzt.* (Ringelnatz)

Um humorvoll zu sein, müssen Sie die Dinge mit einigem Abstand betrachten können. Und wer Humor hat, nimmt sich selbst nicht so wichtig.

Das Fundament des Humors liegt tief. Es ist die Erkenntnis, daß die Welt voller unlöslicher Spannungen ist. Wer sich mit den Unzulänglichkeiten der Welt abgefunden hat, vermag auch heitere Seiten an ihr zu entdecken.

Zum Humor werden Sie leichter gelangen, wenn Sie sich erinnern: Sie schaffen nicht nur Ihr Unglücklichsein, sondern Ihr Glücklichsein selbst.

Entwickeln Sie mehr Humor. Humor verhilft Ihnen zu Weitblick, und Sie verzweifeln nicht an den Kleinigkeiten des Alltags. Mit Humor vermögen Sie Wahrheiten zum Ausdruck zu bringen, die sehr gefürchtet sind.

Als Carlo Schmid als Mitglied der Bonner Delegation 1955 in Moskau weilte, entfuhr ihm während einer Party der Ausspruch: »Gott sei Dank.« Ironisch korrigierte ihn ein russischer Beamter: »Bei uns sagt man nicht: ›Gott sei Dank‹, sondern ›Stalin sei Dank‹«. »Aber«, wunderte sich Carlo Schmid, »Stalin ist doch tot!« »Gott sei Dank«, erwiderte der Russe.

Lachen und Humor sind gesund und geben Ihnen Lebensfreude. Mit Humor werden Sie Ihren Mitmenschen sympathisch, weil Sie nicht alles so ernst nehmen. Mit Humor gewinnen Sie Freunde.

## 7. Mit Humor Aggressionen und andere Schwächen verwandeln

Eine wesentliche Ursache jeder Aggression ist Selbstsucht und Selbstüberschätzung. Wenn Sie Ihre eigene Wichtigkeit mit etwas Humor betrachten, stehen Sie nicht unter dem Druck, sich immer in den Mittelpunkt stellen zu müssen. Dann verlieren Sie die Spannung, die Sie zum Durchsetzen drängt. Da Sie nicht mehr unter Druck stehen, wirken Sie entspannt und sympathisch auf Ihre Mitmenschen. Wenn Sie sich um Humor bemühen, ist auch Ihre Körpersprache nicht mehr aggessiv. Sie vergeuden keine Energien und ermuntern Ihre Mitmenschen, mit Ihnen Kontakt aufzunehmen.

Wenn in festgefahrenen Situationen gelacht werden kann, dann ist ihnen schon die Spannung genommen. Der Ehemann mault: »Wann wird der Tag kommen, an dem du so gut kochen kannst wie meine Mutter?« Sie erwidert gelassen: »Sobald du soviel Geld verdienst wie mein Vater.«

So wird der erste Schritt zur Friedfertigkeit getan.

Es gibt einige Schwächen im Umgang mit Menschen, die Sie ausgezeichnet mit Humor kurieren können. Tabelle II zeigt Ihnen eine Übersicht. Welche Schwächen entdecken Sie bei sich? Eine humorvolle Einstellung zur Umwelt ist das wirksamste Mittel, sich von den Schwächen zu trennen.

Viele Spannungen im zwischenmenschlichen Bereich entstehen durch übertriebene Erwartungen. Aber niemand ist vollkommen, auch Sie nicht. Diese Erkenntnis und der Humor helfen Ihnen, die Fehler des anderen nicht allzu ernst zu nehmen. Um aber mehr Geduld und Toleranz in Ihren Beziehungen zu entwickeln, müssen Sie bei sich anfangen. Werden Sie mit sich selbst und der Umwelt zufriedener, dann entwickeln sich Vertrauen zu und Gemeinsamkeit mit den andern. Auf Ihre Ausgeglichenheit erhalten Sie ein positives Echo von den Mitmenschen. Manchmal ist es notwendig, daß Sie selbst den ersten Schritt machen, um auf jemand zuzugehen. Und wenn eine Situation im Augenblick vollkommen verfahren ist, dann können Sie mit Humor viel bewirken.

Der jüdische Witz weiß dazu eine amüsante Geschichte zu erzählen: Ein polnischer Fürst fordert die Juden in seinem Städtchen auf, sie sollen ihm ihren Rabbi schicken. Der Rabbi hat dem Grafen drei Fragen zu beantworten. Gelingt ihm das, dür-

*Tabelle II*
Schwächen, die der Humor kuriert

| Verhaltensweisen | Häufigkeit oft | Häufigkeit selten | Häufigkeit nie | Gegenmittel Humor |
|---|---|---|---|---|
| Haben Sie eine mißtrauische Einstellung gegenüber Ihren Mitmenschen? | | | | |
| Haben Sie an anderen immer oder häufig etwas auszusetzen? | | | | |
| Bringen Sie Ärger heftig zum Ausdruck? | | | | |
| Reden Sie nur über sich selbst? | | | | |
| Zeigen Sie meistens eine ernste Miene? | | | | |
| Hören Sie nicht gern zu? | | | | |
| Fühlen Sie sich meistens im Recht? | | | | |
| Können es Ihnen die anderen nicht recht machen? | | | | |
| Werden Sie schnell ungeduldig gegenüber anderen? | | | | |
| Tendieren Sie dazu, aus Kleinigkeiten Tragödien zu machen? | | | | |
| Legen Sie jede Äußerung Ihrer Mitmenschen auf die Goldwaage? | | | | |
| Lassen Sie sich oft provozieren? | | | | |

fen alle Juden in der Stadt bleiben. Schafft er es nicht, so wird er gehängt und die ganze Gemeinde aus der Stadt verjagt. Die Gemeinde ist in großer Sorge und fürchtet um sich und das Leben des Rabbi. Alle vermuten, daß sich der Fürst Fragen ausdenkt, die niemand beantworten kann.
Zu aller Überraschung meldet sich der Schames, der Diener in der Synagoge, die Fragen des Grafen zu beantworten. Hätte er keinen Erfolg, dann verlöre nur er sein Leben und das des Rabbi sei gerettet. Die Gemeinde läßt sich auf das Spiel ein.
Der Graf fragt den vermeintlichen Rabbi: »Wieviel Haare habe ich auf dem Haupt?«
»333 333« erwidert der Schames.
»Wie kannst du das beweisen?«
»Wenn du mir nicht glaubst, zähl nach.«
»Und wo ist der Mittelpunkt der Erde?« will der Graf wissen.
»Hier, wo ich stehe. Glaubst du mir nicht, dann laß es nachweisen.«
»Und was denke ich jetzt?«
»Du denkst, daß ich der Rabbi bin, doch ich bin der Schames.«

Nun werden Sie hoffentlich nicht in eine solch gefährliche Situation kommen wie der Schames. Im Alltag wie in einer verfahrenen Situation ist es für Sie notwendig, den ersten Schritt zu machen und auf den anderen zuzugehen. Wenn Sie dann mit Humor den Partner zum Lachen bringen, dann ist die Situation schon entdramatisiert. Vielleicht wenden Sie ein: *Ich muß aggressiv sein, um Erfolg zu haben, Heiterkeit und Humor schaden mir*. Die Ansicht ist aber ein großer Irrtum. Mit Heiterkeit und Humor entwickeln Sie Begeisterung, Geduld und Lebensfreude, und dies trägt zu Ihrem Erfolg bei, während Aggressionen schaden.

## 8. Wie Sie Humor entwickeln

Sie haben erfahren, daß richtig angewandter Humor die Art Ihres Fühlens, Denkens und Handelns entscheidend beeinflußt. Wenn Ihnen der Humor fehlt, besteht die Gefahr darin, daß Sie sich in Verbitterung zurückziehen oder aggressiv reagieren. Und mit Humor nehmen Sie dem Ärger den größten Stachel. So mag jeder den humorvollen Menschen und möchte selbst humorvoll sein. Humor ist aber nicht etwas, das sich auf Rezept verschreiben läßt. Wie aber läßt sich Humor entwickeln?

Sie entwickeln Humor dann, wenn Sie die Weise ändern, mit der Sie Menschen und Ereignisse sehen. So reagierte eine Frau am Arbeitsplatz auf eine unberechtigte Beschuldigung nicht mit den Worten: »Was erlauben Sie sich? Ich war es nicht!« Sie sagte vielmehr: »Es tut mir leid, daß Sie alles noch einmal erzählen müssen, wenn Sie den Richtigen gefunden haben.«

Sie können humorvolle Bemerkungen auch für solche Situationen vorausplanen, die oft vorkommen. So sagte zum Beispiel ein Angestellter zu seinem Arbeitskollegen: »Ich habe eine gute und eine schlechte Nachricht. Die gute ist, daß wir Überstunden machen dürfen, um die Lieferung an den Kunden zu garantieren. Die schlechte ist: Ich koche diesmal den Kaffee.«

Sehr hilfreich ist auch das Lesen von Witzbüchern. Das verhilft Ihnen zu einer heiteren Sicht der Dinge. Sie wählen sich daraus Witze aus, die sich auf alltägliche Situationen übertragen lassen. Nehmen wir einmal an, Sie kommen mit Freunden in ein Lokal. Sie wollen etwas bestellen, und der Ober sagt, das könne er nicht bringen, und Sie geben eine andere Bestellung auf. Dann sagen Sie zu Ihren Freunden: »Es wird uns ja nun hoffentlich nicht wie dem Mann im rumänischen Restaurant ergehen.«

Ihre Freunde werden wissen wollen, was diesem denn passiert sei. Dann erzählen Sie:

Ein Gast kommt in ein rumänisches Restaurant. Er hängt seinen Mantel auf, setzt sich an einen Tisch und verlangt ein Schnitzel. Der Kellner geht hinaus, kommt zurück und meldet dann: »Leider nicht vorhanden.« Der Gast bestellt noch dies und das, aber nichts ist da. Da sagt der Gast verärgert: »Bringen Sie mir meinen Mantel.« Der Kellner geht hinaus, kommt zurück und meldet: »Leider auch nicht mehr vorhanden.«

Sie vermögen manche dramatische Situation im Leben zu entschärfen, wenn Sie ihr mit einem analogen Witz oder mit einer passenden Anekdote begegnen. Dazu ein Beispiel:

Oft richten übersteigerte Wohltäter mehr Schaden als Nutzen an. Sie können ein solches Verhalten mit folgendem Witz humorvoll beleuchten. Der Leiter einer Pfadfindergruppe empfahl den Jungen, jeden Tag eine gute Tat zu vollbringen. Diese könne zum Beispiel darin bestehen, ältere Leute über die Straße zu führen. Am nächsten Tag fragte er sie, was sie getan hätten. Verwundert hörte er, daß alle sieben einer älteren Dame über die Straße geholfen hatten. Er fragte:
»Mußtet ihr denn alle helfen?«
»Natürlich«, sagte der Führer der Gruppe, »die alte Dame wollte ja gar nicht über die Straße.«

Wenn Sie etwas Abwechslung in Ihre tägliche Routine bringen und täglich nur eine Kleinigkeit anders machen, dann wird es Ihnen auch besser gelingen, an gewohnten Dingen neue Seiten zu entdecken. Das setzt voraus, daß man sich nicht ständig mit sich selbst beschäftigt, sondern auf die Umgebung achtet. Schreiben Sie humorvolle Geschichten und Bemerkungen in ein Büchlein. Daraus vermögen Sie Anregungen zu schöpfen für ähnliche Situationen im Alltag.

Eine Möglichkeit, Humor zu zeigen, ist die folgende: Überzeichnen Sie eine Situation in ein komisches Extrem. So kommentierte ein Geistlicher den schwachen Kirchenbesuch: »Als ich bei meiner vorletzten Predigt begann: ›Geliebte Gemeinde‹, wurde ich vor Verlegenheit rot. Als ich am nächsten Tag die Predigt wieder mit diesen Worten einleitete und nur eine Dame anwesend war, errötete diese.« Entwickeln Sie Gelassenheit, Distanzgefühl, und nehmen Sie sich selbst nicht so wichtig. Gemäß der *New York Times* soll der Schriftsteller William Saroyan fünf Tage vor seinem Tod folgende Anzeige aufgegeben haben: »Jeder muß sterben. Ich habe aber immer geglaubt, für mich gäbe es eine Ausnahme. Was nun?«

Eine Frau kommentierte mir gegenüber einmal ihre Scheidung: »Er hat mich verlassen, weil er sich selbst finden wollte. Und nun gefällt ihm nicht, was er gefunden hat.«

## 9. Setzen Sie Humor mit Einfühlungsvermögen ein

Jeder Mensch kann eine humorvolle Bemerkung anders empfinden. Die Art, wie er reagiert, macht zwar deutliche Aussagen über seinen Charakter. Im Umgang mit Menschen ist es aber notwendig, sich folgende Fragen zu stellen:

– Ist der Humor in dieser Situation angebracht?
– Könnte der Humor auf den anderen verletzend wirken, da er nicht fähig ist zu lachen?

Wenn Sie den Humor mit Einfühlungsvermögen einsetzen, werden Sie noch mehr Freunde gewinnen.

Denken Sie daran, den Humor immer dem Freundschaftsgrad Ihrer Beziehung anzupassen. Machen Sie Unterschiede im Humor, wenn Sie ihn in

– einer Bekanntschaft
– einer lockeren Freundschaft
– einer engen Freundschaft
einsetzen.

Ein guter Bekannter wird sich wohl kaum behaglich fühlen, wenn Sie einen Witz über seine Glatze oder seinen Schnurrbart machen. Und selbst einen engen Freund, der erst vor kurzem von seiner Frau verlassen worden ist, sollten Sie nicht mit folgendem Witz zu trösten versuchen: Zwei Männer sitzen in einer Bar. Beide haben Tränen in den Augen. Der Barkeeper fragt: »Warum weint ihr?« Darauf antwortet der eine: »Meine Frau hat mich verlassen.« Und der andere: »Meine Frau ist wiedergekommen.«

Und folgender Witz könnte von Ihrer Gastgeberin sehr unangenehm empfunden werden, selbst wenn Sie ihn für noch so geistreich halten sollten: Ein Höfling kneift die Königin in den Allerwertesten. Empört dreht sie sich um. Der Höfling sagt: »Ich hoffe, Ihr Herz ist nicht so hart wie Ihr Hinterteil.«

## 10. Mit Humor Freunde gewinnen

Humor hilft Ihnen nicht nur, eigene Unzulänglichkeiten und Unvollkommenheiten zu akzeptieren. Mit Humor haben Sie es leichter, auf Mitmenschen zuzugehen. Mit Humor entkrampfen Sie Beziehungen und gewinnen Freunde. Mit Humor haben Sie Freude am Gespräch und am Dialog mit anderen. Humor verhilft Ihnen auch zu größerer Toleranz. Niemand muß die Last der Verantwortung für die ganze Welt auf seinen Schultern tragen. Niemand hat das Recht, anderen Menschen das Leben zu erschweren durch seinen freudlosen Ausdruck.

## Zusammenfassung

1. Verbitterung schadet Ihnen und Ihrem Umgang mit Mitmenschen.

2. Sie schützen sich vor Verbitterung, wenn Sie sich bewußt machen: Es gibt keine Gerechtigkeit auf der Welt. Richten Sie Ihre Aufmerksamkeit auf das Gute in Ihrem Leben.

3. Nicht die äußeren Umstände, sondern Sie bestimmen Ihr Denken und Fühlen.

4. Der Pessimist erkennt nicht die ganze Wirklichkeit, sondern nur einen Ausschnitt davon.

5. Sammlung und Konzentration sind notwendig, um Pessimismus zu überwinden.

6. Sie trainieren Ihre Sammlungs- und Konzentrationsfähigkeit mit den Techniken der Visualisierung und der Meditation.

7. Heiterkeit ist eine Lebenshaltung und zeichnet sich durch innere Helligkeit, Leichtigkeit und Befreitheit aus.

8. Mit Heiterkeit sind Sie aufgeschlossen und bejahen Ihre Umwelt.

9. Mit Heiterkeit gewinnen Sie Freunde, da sich Mitmenschen in Ihrer Gegenwart wohl fühlen.

10. Sie entfalten innere Heiterkeit, wenn Sie die Wirklichkeit nicht in die Gegensätze gut und schlecht einteilen.

11. Sie verstärken das Sonnige in Ihrem Wesen und entwickeln Heiterkeit, wenn Sie einen Sonnenaufgang in Ihrem Herzen visualisieren.

12. Sie bewahren sich Ihre Heiterkeit, wenn Sie nicht übertriebene Selbstkritik üben oder sich fürchten, vielleicht einen Fehler zu begehen.

13. Heiterkeit beinhaltet auch Hoffnung und Selbstvertrauen.

14. Sie entwickeln Heiterkeit, wenn Sie spontaner werden und neue Dinge unternehmen.

15. Lächeln ist ein Ausdruck Ihrer Heiterkeit.

16. Das Lächeln macht Sie schöner und löst bei Ihren Mitmenschen positive Gefühle aus.

17. Sie müssen sich erst mit den Unzulänglichkeiten der Welt abfinden, bevor Sie eine humorvolle Sicht der Wirklichkeit entwickeln.

18. »Humor ist der Schwimmgürtel auf dem Strom des Lebens«, sagt W. Rabe.

19. Um humorvoll zu werden ist Selbstdistanz notwendig. Der ständige Blick auf das eigene Ich versperrt die Sicht auf die Welt.

20. Eine humorvolle Einstellung zur Umwelt verhindert Aggressionen.

21. Humor bewirkt auch eine positive Körpersprache.

22. Das Wissen, daß jeder Mensch Fehler hat, ermöglicht es Ihnen, die Unzulänglichkeiten der Mitmenschen leichter zu nehmen.

23. Tabelle II hilft Ihnen, schädliche Verhaltensweisen zu erkennen und abzustellen.

24. Mit Humor werden Sie auch verfahrene Situationen retten.

25. Mit Aggressionen schaden Sie sich. Mit Heiterkeit und Humor werden Sie erfolgreich.

26. Um Humor zu entwickeln, müssen Sie die Weise ändern, mit der Sie Menschen und Ereignisse sehen.

27. Das Lesen von Witzbüchern verhilft Ihnen zu einer humorvollen Sicht der Dinge.

28. Wählen Sie aus Witzbüchern Witze aus, die Sie auf alltägliche Situationen übertragen.

29. Bringen Sie Abwechslung in Ihre Routine, dann vermögen Sie leichter an gewohnten Dingen neue Seiten zu entdecken.

30. Schreiben Sie humorvolle Geschichten und Bemerkungen in ein Büchlein. Daraus vermögen Sie Anregungen für ähnliche Situationen im Alltag zu schöpfen.

31. Zeigen Sie Gelassenheit, Distanzgefühl, und nehmen Sie sich selbst nicht so wichtig.

32. Passen Sie den Humor dem Freundschaftsgrad der Beziehung an.

# Kapitel 4

# Wie Sie beliebt werden

## 1. Was macht Sie für die Mitmenschen anziehend?

Bereits in Kapitel 2 haben Sie Verhaltensweisen kennengelernt, die Ihrer Beliebtheit schaden. Da positives Denken, Heiterkeit, Lächeln und Humor nicht nur Ihre Beliebtheit steigern, sondern auch eine notwendige Grundhaltung dem Leben gegenüber sind, wurden sie bereits ausführlich in Kapitel 3 behandelt.

Beschäftigen wir uns in diesem Kapitel damit, was noch erforderlich ist, um beliebt zu werden.

## 2. Zeigen Sie Höflichkeit und Freundlichkeit

Mit Höflichkeit zeigen Sie Mitmenschen, daß sie für Sie nicht Luft sind, und bringen ihnen gegenüber Ihre Achtung zum Ausdruck. Gutes Benehmen öffnet Ihnen die Herzen der Mitmenschen. Richtig verstandene Höflichkeit besteht nicht im sturen Praktizieren von Regeln, sondern ist Ausdruck Ihrer inneren Haltung den Mitmenschen gegenüber.

Höflichkeit beginnt schon beim Grüßen. Grüßen Sie mit offenem Blick und mit einem freundlichen Gesicht. Und warum ein Lächeln besonders freundlich wirkt, wissen Sie ja schon.

Zur Höflichkeit gehören Aufmerksamkeit und Hilfsbereitschaft. Sie zeigen dies, wenn Sie zum Beispiel

- dem Mitmenschen die Tür aufhalten
- den anderen Kaffee eingießen
- die Worte »bitte« und »danke« anwenden
- dem Mitmenschen etwas aufheben, das er verloren hat.

Seien Sie höflich, Sie achten so die Würde des andern.

### 3. Üben Sie sich darin, die Mitmenschen zu mögen

Ich habe einen Schäferhund, der Wanja heißt. Wanja hat ein feines Empfinden dafür, wer ihr Zuneigung oder Abneigung entgegenbringt. Spürt sie Sympathie, dann ist sie lieb. Wer ihr aber Antipathie entgegenbringt, den knurrt sie an. Menschen verhalten sich nicht wesentlich anders. Spüren Sie nicht auch, ob Ihnen ein Mitmensch Sympathie oder Antipathie entgegenbringt? Selbst wenn Sie nichts über Körpersprachsignale wissen, spüren Sie doch bald, ob Sie ein anderer mag. Ihr Unterbewußtsein wertet die Signale des Körpers und der Stimme Ihres Gegenübers aus. Kommt es zu einem negativen Ergebnis, dann empfinden Sie es als Unbehagen. Selbst wenn der Inhalt des Gesagten positiv zu sein scheint: Ihr Unterbewußtsein läßt sich nicht täuschen! Nun wird zwar nicht gleich jeder Mensch in einer solchen Situation knurren, wie Wanja dies tut. Tatsache aber ist: Ablehnende und feindselige Gefühle des Gegenübers rufen auch bei Ihnen negative Gefühle hervor. Und damit ist das Scheitern der Beziehung schon programmiert. Bringen Sie darum den Mitmenschen eine positive Einstellung entgegen gemäß dem Sprichwort »Wie man in den Wald hineinruft, so schallt es heraus.« Bemühen Sie sich um positive Gefühle für den Mitmenschen. Sie fühlen sich wohler, der oder die andere fühlt sich wohler.

Nun gibt es immer Menschen, die vom anderen von vornherein das Schlimmste annehmen. Solche Menschen meinen, sich nur so vor Enttäuschungen und Schaden zu schützen. Häufig sind Enttäuschungen, die diese Menschen erlebt und nicht verarbeitet haben, die Ursache einer solchen Haltung. Sie übertragen ihre negativen Erfahrungen, die sie mit einem oder einigen andern gemacht haben, auf alle Bezugspersonen. Was ist die Folge? Nach dem beschriebenen Mechanismus werden durch solche negativen Verhaltensweisen weitere unangenehme Erfahrungen ausgelöst. Und so wird der Teufelskreis nie durchbrochen.

Zurück zu Ihnen. Welche Einstellung haben Sie zu den Mitmenschen? Haben Sie sie gern? Beurteilen Sie andere nur nach ihren Fehlern? Denken Sie daran: *Eine* schlechte Eigenschaft macht noch nicht den ganzen Menschen schlecht. Wenn Sie über andere schlecht denken, dann werden diese dadurch nicht besser. Nur Sie selbst fügen sich Schaden zu. Wenn Sie über den Mitmenschen Gutes denken, dann bringen Sie zum Ausdruck: *Du läßt mich nicht kalt. Du bedeutest mir etwas. Ich hab' dich gern.* Mögen Sie die Menschen so, wie sie sind. Andere gibt es nicht. Wenn Sie sich nicht für diese Haltung entscheiden, dann ist die Konsequenz Verbitterung und Einsamkeit.

Richten Sie also Ihren Blick nicht nur auf die Schwächen des Menschen. Zeigen Sie dem/der andern: *Ich hab' dich gern.* Bringen Sie Ihre Haltung zum Ausdruck durch

– ein Lächeln
– eine Anerkennung
– einen Händedruck
– das Leuchten Ihrer Augen
– Aufmerksamkeiten

Nur wenn Sie sich selbst wohl fühlen, bringen Sie auch andere dazu, sich wohl zu fühlen.

Da durch Umwelteinflüsse Ihr Unterbewußtsein leicht vergiftet wird, müssen Sie die beschriebene Grundhaltung regelmäßig einüben. Sehen Sie nicht nur die Fehler des anderen. Erkennen Sie vor allem das Gute, das er hat. Verurteilen Sie weder sich noch den Mitmenschen. Lassen Sie also Ihr Denken über den anderen nicht außer Kontrolle geraten. Haben Sie Menschen gern.

Zum Abschluß die Übung, die Ihnen hilft, Ihre Mitmenschen mehr zu mögen:

Konzentrieren Sie sich bei jedem Menschen zunächst auf das

Positive, das er hat. Bemühen Sie sich also, das Gute zu sehen. Führen Sie die Übung mindestens vier Wochen lang durch. Sie unterlassen dann automatisch körpersprachliche Signale der Nichtannahme des Mitmenschen wie beispielsweise das Hochziehen der Augenbrauen, das Runzeln der Stirn und ganz allgemein eine negative Ausstrahlung. Ihr Partner spürt: Sie nehmen ihn an und mögen ihn.

### 4. Mein Erlebnis in einem Schweizer Hotel

Ich verbrachte vor einigen Jahren einen Kurzurlaub im Hotel »Europa« in Champfèr im oberen Engadin. Das Hotel ist sehr groß, hat 300 Betten und wegen seiner sehr guten Räumlichkeiten und seines ausgezeichneten Services viele Stammgäste. Häufig sah ich im Hotel den Direktor, Herrn Bützberger. Jedesmal, wenn ich ihm begegnete, sah und hörte ich, wie er jeden Feriengast mit dessen Namen ansprach. Manchmal traf er sogar innerhalb weniger Sekunden mehrere Gäste hintereinander, und jedes Mal grüßte er jeden Gast mit seinem Namen. Ist es unter den Umständen noch nötig zu erwähnen, welche herzliche und gemütliche Atmosphäre im Hotel herrscht?

### 5. Nennen Sie den Mitmenschen beim Namen

Geht es Ihnen nicht auch so wie den meisten Menschen? Sie freuen sich, wenn man sich an Ihren Namen erinnert und Sie mit Ihrem Namen angeredet werden. Der eigene Name ist für die meisten Menschen das wichtigste und das liebste Wort. Manager, Verkäufer, Gastgeber und Reiseleiter wissen es: Wer seinen Gesprächspartner mit Namen anspricht, der hat schon halb gewonnen. Spricht Ihr Gesprächspartner Sie mit Namen an, dann wissen Sie, daß er sich mit Ihnen beschäftigt und sich für Sie interessiert. Wer dagegen Ihren Namen vergißt oder Sie nicht mit Namen anredet, der vermittelt Ihnen den Eindruck, Sie seien nicht wichtig.

Wenn Sie Ihren Gesprächspartner beim Namen nennen, wird ein großer Teil der Barrieren abgebaut, die zwischen Menschen existieren. Nehmen wir einmal an, Sie werden auf einer Gesellschaft vom Gastgeber mit Ihrem Namen begrüßt. Fühlen Sie sich dann nicht in der neuen Umgebung bereits viel vertrauter?

Nun gibt es Leute, die merkfaul sind und ihre Mitmenschen fast nie mit Namen anreden. Sie sprechen vielleicht Betriebsangehörige mit »Herr Kollege« an.

Wenn Sie den Namen Ihres Gesprächspartners bei der Vorstellung nicht richtig verstehen, dann haben Sie keine Scheu nachzufragen. Sagen Sie: »Ich habe Ihren Namen nicht richtig verstanden. Sind Sie bitte so freundlich, ihn zu wiederholen?« So zeigen Sie echtes Interesse am andern und vermeiden, ihn beim nächsten Mal mit einem verballhornten Namen anzusprechen.

Vermeiden Sie den häufig zu beobachtenden Fehler, in Gesprächen zum Beispiel die abwesende Frau Müller oder Herrn Krüger vereinfacht als »die Müller« oder »der Krüger« zu bezeichnen. Ihr Gegenüber wird vermuten, daß Sie über ihn in seiner Abwesenheit ebenso respektlos sprechen. Sagen Sie also nicht »die Müller« oder »der Krüger«, sondern Frau Müller oder Herr Krüger.

Selbst im Umgang mit Freunden und Familienangehörigen werden Fehler gemacht. Achten Sie bitte auf Ihre Gespräche dieser Art. Sagen Sie zu Ihrem Kind oder Ihrem Freund stets nur du? Schafft es nicht eine bessere Atmosphäre, wenn Sie Ihren Freund mit seinem Namen Helmut oder Ihre Tochter mit ihrem Namen Karin ansprechen?

## 6. So merken Sie sich Namen

Vielleicht haben Sie wie die meisten Menschen Schwierigkeiten, sich Namen zu merken. Sie können sich an den Ort oder die Situation erinnern, an dem oder in der Sie den anderen kennengelernt haben. Doch der Name fällt Ihnen nicht ein. Sie empfinden die Situation zu recht als unangenehm. Sie möchten daran etwas ändern. Sie wollen wissen, wie Sie die Namen Ihrer Mitmenschen besser im Gedächtnis behalten. Hier nun einige Techniken, mit denen Sie es schaffen, sich neue Namen besser zu merken:

1. Seien Sie aufmerksam, und hören Sie genau hin, wenn der andere seinen Namen nennt. Leider werden Namen oft undeutlich ausgesprochen. Haben Sie dann keine falsche Scheu nachzufragen. Ihr Gegenüber schätzt es, wenn Sie zeigen, daß Sie sich für seinen/ihren Namen wirklich interessieren. Es ist also ein Irrtum, wenn Sie annehmen, Ihr Nachfragen könne den anderen unangenehm berühren.
   Machen Sie dabei immer ein freundliches Gesicht. Wenn Sie kritisch dreinblicken, weil Ihr Gesprächspartner nicht klar und deutlich gesprochen hat, so würde das der/die andere auf seinen/ihren Namen beziehen. Schauen Sie also freundlich. Haben Sie den Namen des Gegenübers klar wahrgenommen, dann können Sie ihn auch besser behalten.
   Nehmen wir an, Ihr Partner nennt Ihnen seinen Namen nicht, gibt Ihnen aber seine Visitenkarte. Der Name, der darauf steht, ist etwas kompliziert. Was schafft wohl mehr Kontakt? Die Visitenkarte schnell wegzustecken oder den Namen langsam beim Lesen auszusprechen und Ihr Gegenüber zu fragen: »Habe ich den Namen richtig ausgesprochen?« Die zuletzt genannte Verhaltensweise ist bestimmt die bessere.

2. Wenn Sie sich der Bildertechnik bedienen, dann vermögen Sie sich einen Namen besser zu merken. Nehmen wir an, jemand heiße Kaiser. Stellen Sie sich in diesem Fall zum Gesicht des Betreffenden das Bild eines Kaisers vor.
   Machen Sie sich aber kein komisches Bild zu einem Namen, auch wenn der Neue einen lustigen Namen, vielleicht Knolle, hat. Sie könnten dann zu grinsen beginnen, wenn Sie diesem Menschen begegnen, und das würde er Ihnen übelnehmen.

3. Nun gibt es auch komplizierte Namen, zu denen Sie sich kein Bild machen können. Bedienen Sie sich dazu der Klangtechnik. Die Klangtechnik bewirkt, daß ein komplizierter, mehrmals laut ausgesprochener Name besser in Ihrem Gedächtnis gespeichert wird. Für diese Speicherung ist die linke Gehirnhälfte zuständig, die die rechte unterstützt. Was liegt also näher, als den neuen Gesprächspartner im Verlauf des Gesprächs mehrmals mit seinem Namen anzusprechen? Das schafft nicht nur eine gute Atmosphäre zwischen Ihnen, sondern ist auch eine gute Übung, sich den Namen zu merken.

4. Bauen Sie sich bei schwierigen oder ungewohnten Namen eine Gedächtnisbrücke. Es ist meistens nicht möglich und auch nicht nötig, sich eine oder mehrere Gedächtnisbrücken für den ganzen Namen zu bilden. Diese Technik wird auch Assoziationstechnik genannt.
   Nehmen wir an, Ihr Gegenüber heißt Rominski. In dem Namen ist die Silbe Rom enthalten. Sie waren vielleicht mehrmals in Rom und mögen die Stadt sehr. Daher fällt es Ihnen leicht, sich den ersten Teil des Namens, nämlich Rom, einzuprägen. Ihr Gedächtnis hat nun eine Erinnerungsstütze und hängt nach einer kurzen Pause den anderen Teil des Namens an. Mit anderen Worten: Ihr Gedächtnis setzt die beiden Teilstücke wieder zusammen, also Rom-inski. Werden die

beiden Teile oft assoziiert, dann werden die beiden Bruchstücke bald ohne dazwischenliegende Pause assoziiert, also: Rominski. Jetzt ist der Name fest im Gedächtnis verankert. Die Technik klappt um so besser, je häufiger Sie den Namen nennen.

Der Erfahrungsbereich jedes Menschen ist entscheidend dafür, welche Brücke er sich baut. Solche Eselsbrücken sind also immer individuell. So wird vielleicht jemand, der einmal die Stadt Minsk besucht hat, das Bruchstück -minski aus dem Namen Rominski wählen. Wenn Sie sich eine Weile bemühen, nach Eselsbrücken zu suchen, so werden Sie darin bald immer besser werden.

Manchmal werde ich gefragt, ob es nicht sehr unangenehm sei, wenn bei den Eselsbrücken ein Irrtum passiert und der Partner mit einem ganz anderen Namen angesprochen wird? Nun ist das nur selten der Fall. Selbst wenn Sie sich mit dem Namen etwas vertun, so ist das immerhin besser, als den Namen vollkommen zu vergessen. Und Ihr Gegenüber wird es zu schätzen wissen, welche Mühe Sie sich mit seinem Namen machen.

Trainieren Sie Ihr Namensgedächtnis mit den angegebenen Techniken. In etwa 4–8 Wochen werden Sie Ihr Namensgedächtnis wesentlich verbessert haben.

### 7. Sprechen Sie über die Interessen des Mitmenschen

Bei einer Sri-Lanka-Reise lernte ich den dortigen Verkehrsdirektor kennen. Ich unterhielt mich mit ihm über Buddhismus und Meditation. Sehr bald merkte ich, daß ich damit seine Lieblingsthemen angeschnitten hatte. Er war von mir so begeistert, daß er mich in sein Haus zu einem Ritual einlud, zu dem sonst keine

Fremden eingeladen werden. Auch Sie werden einander schnell näherkommen, wenn Sie sich mit dem anderen über das unterhalten, was ihn interessiert. Nicht nur im Privatleben, auch im Geschäftsleben bewährt sich das Interesse an den Liebhabereien des Mitmenschen.

Die meisten Menschen haben ein Bedürfnis, von ihren Wochenenderlebnissen zu erzählen. Wenn Sie am Montag zum Arbeitsplatz zurückkehren, dann fragen Sie einmal Ihre Kollegin, was sie am Wochenende erlebt hat. Sie können ja mit der Feststellung nachhelfen, sie sähe heute besonders gut erholt aus.

Jede und jeder berichtet gern von dem, was ihr oder ihm Spaß macht. Meistens ist es auch nicht schwer, das Interessengebiet des anderen herauszufinden. Sie können sie natürlich auch danach fragen.

Selbstverständlich können Sie auch Fragen nach dem stellen, was Sie beim anderen bewundern, zum Beispiel: »Wie machen Sie es eigentlich, immer so optimistisch zu sein?«

Ihr Gegenüber wird sehr stolz darauf sein, Ihnen Ihre Fragen zu beantworten. Und schon haben Sie den Anfang dazu gemacht, einen neuen Freund, eine neue Freundin zu gewinnen.

### 8. Fürchten Sie sich nicht davor, positive Gefühle zu zeigen oder zu empfangen

Wenn Sie sich nicht davor scheuen, positive Gefühle zu zeigen oder zu empfangen, dann können Sie auch Ihre Familie und Ihre Mitmenschen mehr schätzen. Viele Leute fürchten sich davor, anderen positive Gefühle zu zeigen. Sie meinen: »Wenn er oder sie spürt, daß ich sie oder ihn mag, dann hat er/sie mich in der Hand.« Diese Einstellung ist aber falsch. Bemühen Sie sich, sich davon zu trennen. Dann stellen Sie fest: Es ist überhaupt nicht gefährlich, positive Gefühle zu zeigen oder zu empfangen. Zeigen Sie dem andern, daß Sie ihn schätzen und mögen, dann wird eine Welle der Dankbarkeit auf Sie zurückströmen, und Sie fühlen sich bereichert. Probieren Sie es aus!

## 9. Lernen Sie, Meinungsverschiedenheiten zu akzeptieren

Es ist ein großer Fehler zu erwarten, daß Sie mit einem anderen Menschen in allen Fragen übereinstimmen werden. Da die Wahrheit viele Aspekte hat, wird jeder sie ganz anders sehen. Wenn Sie anderen Menschen eine Rose zeigen, dann wird der eine die Farbe vielleicht als weinrot, der andere als karminrot und ein dritter noch ganz anders bezeichnen. Einige Menschen setzen sich für die eine politische Anschauung ein, andere wiederum sehen das Heil der Zukunft in einer ganz anderen Partei. Beschränken wir uns auf diese Beispiele.

Nicht selten führen Meinungsverschiedenheiten zu großer Disharmonie zwischen Menschen. Freundschaften und Partnerschaften zerbrechen daran. Und oft genug sind wegen Meinungsverschiedenheiten auch schon Kriege geführt worden.

Die Frage drängt sich auf: *Können Sie einen Mitmenschen nur dann achten und mögen, wenn Sie mit ihm in allen Fragen übereinstimmen?*

Sie können einen Mitmenschen auch dann achten und mögen, wenn Sie mit ihm nicht alle Auffassungen teilen und ihm nicht immer recht geben können. Jeder sieht die Wirklichkeit mit anderen Augen. Diese Sicht wird vor allem durch die eigenen persönlichen Erlebnisse und Erfahrungen bestimmt. Da jede und jeder andere Erfahrungen besitzt, hat sie/er auch eine andere Sicht der Wirklichkeit. Alle können von den Erfahrungen des anderen lernen. Wollen Sie den Wert des Menschen davon abhängig machen, mit welchen Augen er die Wirklichkeit sieht?

Sprechen Sie also mit den Mitmenschen. Streiten Sie sich nicht darüber, was falsch oder richtig ist. Suchen Sie den anderen im Gespräch näherzukommen. Machen Sie nicht den Fehler und sagen Sie dem anderen, er irre sich. Stellen Sie vielmehr fest, welche Überzeugungen Sie gemeinsam haben. Zeigen Sie dem Mitmenschen: Sie achten und Sie mögen ihn.

### 10. Nicht bewerten, sondern verstehen

Häufig mögen und schätzen wir unsere Mitmenschen nur dann, wenn sie unseren Wertvorstellungen entsprechen. Sogar Kinder werden von den Eltern oft nur geschätzt, wenn sie sich nach deren Wünschen verhalten. Die Kinder aber leiden darunter, daß sie nicht um ihrer selbst willen geschätzt werden. Anstatt uns in den Mitmenschen einzufühlen, neigen wir zu vorschnellen Bewertungen, sind aber unfähig, Verständnis aufzubringen. Antoine de Saint-Exupéry sagt: *Ich weiß dir Dank dafür, daß du mich so hinnimmst, wie ich bin. Was habe ich mit einem Freund zu tun, der mich bewertet? Wenn ich einen Hinkenden zu Tisch lade, bitte ich ihn, sich zu setzen, und verlange von ihm nicht, daß er tanze.*

Eines der schönsten Gefühle ist, einen Mitmenschen so zu erleben wie einen Sonnenaufgang. Jeder Mensch ist so wunderbar wie ein Sonnenaufgang, wenn Sie ihn so lassen, wie er ist. Vielleicht erleben Sie einen Sonnenaufgang deshalb so wunderbar, weil Sie ihn nicht kontrollieren können. Dem Sonnenaufgang können Sie auch nicht Ihre Wünsche oder Ihren Willen aufzwingen. Sie können nicht sagen: »Ich möchte das Rot rechts etwas schwächer, dafür mehr Rot in den Wolken und in der Mitte mehr Violett.« Sie betrachten den Sonnenaufgang vielmehr mit Ehrfurcht und ohne Erwartungshaltung.

Wenn Sie Ihr Gegenüber auf diese Art annehmen, dann ist echte Kommunikation möglich. Das Verstehen des anderen wird aber nur möglich durch eine ganz besondere Art des Schauens und Wahrnehmens. Wenn Sie so auf Mitmenschen schauen, erschließen sich Ihnen ganz neue Erlebnistiefen und Dimensionen. Bemühen Sie sich, den Mitmenschen in seiner Individualität besser zu erfahren, entdecken Sie einen Weg zu noch unbekannten Bereichen in Ihnen.

Ihr sanftes Bemühen, den Mitmenschen zu verstehen, hilft auch Ihnen, sich selbst zu entdecken. Werden Sie für den anderen empfindsamer, so werden Sie auch für sich empfindsamer.

## 11. Lassen Sie Ihre Mitmenschen Ihre Ehrlichkeit spüren

Wenn Mitmenschen nicht spüren, daß Sie an ihrem Wohlergehen und Erfolg ein aufrichtiges Interesse haben, werden Ihre Verhaltensweisen negativ ausgelegt werden.

Hier ein Beispiel: Menschen reagieren sehr empfindsam auf Berührungen im negativen als auch im positiven Sinn. Wie würden Sie wohl empfinden, wenn Sie jemand berührt, über dessen Motive Sie sich nicht im klaren sind? Sie würden die Berührung gewiß nicht als angenehm empfinden. Berühren Sie also einen Menschen nur dann, wenn Sie ihm Zuneigung, Anerkennung, Bestätigung, Ermutigung oder etwas anderes Positives vermitteln. So vermeiden Sie, daß der Mitmensch eine Berührung von Ihnen mit negativen Absichten assoziiert. Denn hat der andere Zweifel an der Aufrichtigkeit und Ehrlichkeit Ihres Verhaltens, so wird er argwöhnen, Sie wollten ihn zu seinem Nachteil manipulieren.

Seien Sie stets ehrlich zum Mitmenschen. Wenn Sie nicht sagen, was Sie wollen, oder Ihre Motive verbergen, so wird das den Beziehungen schaden. Daher führt Unehrlichkeit im Umgang mit Mitmenschen immer zum Mißerfolg, Ehrlichkeit hingegen zum Erfolg.

Ich habe schon darauf hingewiesen: Sie müssen sich dazu erziehen, Mitmenschen zu mögen. Das hilft dem andern und vor allem auch Ihnen. Sie müssen den Mitmenschen sogar so gut mögen, daß Sie ihm auch einmal eine Bitte abschlagen können.

So erzählte mir eine junge Frau: »Ich kenne einen jungen Mann, mit dem ich mich gern unterhalte. Neulich versuchte er mich anzupumpen, um mit dem Geld in der Spielhalle zu spielen. Aus Verantwortungsgefühl habe ich jedoch seine Bitte abgelehnt. Schließlich wollte ich seine Spielsucht nicht noch fördern.«

Der Zufall wollte es, daß ich den jungen Mann einige Wochen später traf. Auch er erzählte mir über die Begebenheit. Aus seinen Worten sprach große Wertschätzung für das Verhalten der Frau, obwohl ihm das zunächst gar nicht recht gewesen war.

## 12. Zeigen Sie Selbstbewußtsein und Begeisterungsfähigkeit

Wen mögen die Mitmenschen lieber? Einen fröhlichen, hilfsbereiten Menschen oder einen ängstlichen und reizbaren Menschen? Zeigen Sie Selbstbewußtsein und Selbstachtung, dann sind die Chancen groß, daß andere Sie zum Freunde wollen. Verwechseln Sie aber Selbstbewußtsein und Selbstachtung nicht mit Arroganz und Freundlichkeit nicht mit Schüchternheit und Verlegenheit. Strahlen Sie Begeisterung aus. Lassen Sie Ihre Begeisterung in Ihren Händedruck fließen. Der Mitmensch soll schon an Ihrem Händedruck spüren: Sie freuen sich, ihn kennenzulernen oder wiederzusehen. Seminarteilnehmer sagen mir immer wieder, wie sehr sie durch einen schlaffen Händedruck negativ berührt werden.

Lassen Sie Ihre positiven Gefühle in ein Lächeln fließen. Lächeln Sie mit den Augen. Das führt zu einem natürlichen Lächeln. Lassen Sie Ihre Begeisterung auch in Ihre Stimme fließen. Einen warmherzigen, begeisterungsfähigen Menschen möchte jeder zum Freunde haben. Erzählen Sie Ihren Mitmenschen angenehme Nachrichten. Sie gewinnen keine Freunde, wenn Sie enttäuschende Nachrichten verbreiten. Niemand mag einen Menschen, der mürrisch und verbittert ist. Erzählen Sie positive Nachrichten, dann fühlen Sie sich auch selbst wohler.

## Zusammenfassung

1. Mit Höflichkeit und Freundlichkeit bringen Sie gegenüber Ihren Mitmenschen Achtung zum Ausdruck.

2. Richtig verstandene Höflichkeit ist Ausdruck Ihrer positiven Haltung den Mitmenschen gegenüber.

3. Üben Sie sich darin, Ihre Mitmenschen zu mögen. Wie Sie der/dem anderen gegenüber begegnen, so wird sie/er reagieren.

4. Übertragen Sie unangenehme Erfahrungen mit manchen Menschen nicht auf alle andern.

5. Denken Sie daran: Hat jemand eine schlechte Eigenschaft, so ist noch nicht der ganze Mensch schlecht.

6. Mögen Sie die Mitmenschen so, wie sie sind.

7. Bemühen Sie sich, beim anderen zunächst immer erst das Positive zu sehen.

8. Nennen Sie den Mitmenschen beim Namen. Sein Name ist ihm das wichtigste Wort.

9. Bedienen Sie sich der in dem Kapitel genannten Techniken, um sich die Namen der Mitmenschen besser zu merken.

10. Stecken Sie die Visitenkarte Ihres Gegenübers nicht achtlos weg, sondern lesen Sie seinen Namen laut vor.

11. Zeigen Sie Interesse an den Liebhabereien anderer, so gewinnen Sie bald Freunde.

12. Sie können mit keinem Menschen in allem übereinstimmen.

13. Es ist möglich, den Mitmenschen zu mögen, ohne mit ihm alle Auffassungen zu teilen.

14. Jeder entwickelt eine andere Sicht der Wirklichkeit. Versuchen Sie, Ihrem Gesprächspartner im Gespräch näherzukommen. Stellen Sie fest, welche Überzeugungen Sie gemeinsam haben.

15. Bewerten Sie Ihre Mitmenschen nicht. Erleben Sie andere ohne Bewertung zum Beispiel wie einen Sonnenaufgang.

16. Wenn Sie Ihr Gegenüber ohne Bewertung annehmen, erschließen sich Ihnen ganz neue Erlebnisdimensionen.

17. Seien Sie ehrlich zum Mitmenschen.

18. Verstärken Sie Ihr Selbstbewußtsein und Ihre Begeisterungsfähigkeit. Dann wollen viele Menschen Sie zur Freundin, zum Freund haben.

# Kapitel 5

# Durch Lob und Kritik Freunde gewinnen

## 1. Was eine Anerkennung bewirken kann

Ein Architekt erzählte bei einem von mir geleiteten Seminar folgende Geschichte:

Ich hatte bei einem Kunden zu tun, für den ich eine Garage bauen sollte. Der Hauseigentümer war ein Lehrer, dessen Hobby die Hundezucht ist. Ich sagte zum Lehrer: »Ich habe vor einiger Zeit in der Zeitung gelesen, daß Sie wieder bei einer Hundeausstellung einen Preis gewonnen haben. Ich bewundere Ihre großartigen Hunde.«

Der Lehrer freute sich sehr über meine anerkennenden Worte und fragte mich:

»Wollen Sie einmal meinen Hundezwinger sehen?«

Ich bejahte, und der Lehrer zeigte mir seine Hunde und erläuterte mir, von welcher Zucht sie abstammten. Danach fragte er mich:

»Haben Sie Kinder?«

Ich antwortete: »Ja, eine kleine Tochter und einen Sohn.«

»Würden sie sich über einen kleinen Hund freuen?« wollte der Lehrer wissen.

»Natürlich«, antwortete ich und fuhr fort: »Beide Kinder möchten am liebsten jeden kleinen Hund streicheln, den sie sehen.«

»Dann schenke ich Ihnen einen kleinen Hund«, entgegnete der Lehrer.

Noch am selben Tag holten meine Kinder und ich den Hund ab. Die Kinder freuten sich außerordentlich und ich natürlich auch. Und alles war die Folge einer Anerkennung, die ich dem Lehrer gegeben hatte.

## 2. Zeigen Sie Ihrem Mitmenschen, daß Sie an ihn glauben

Die folgende Geschichte spielte sich vor zwei Jahren ab. Ein 18jähriger junger Mann schrieb mir:

*Ich mache mir große Sorgen um meine Zukunft. Ich fühle mich in meinem Beruf nicht wohl. Außerdem leide ich unter dem schlechten Verhältnis zu meinen Eltern.*

In mehreren Seiten seines Briefes beschrieb er seine mißliche Lage sehr ausführlich. Der Brief schloß sehr originell.

*Ich habe dem Brief eine Kassette beigefügt. Bitte sprechen Sie etwas für mich darauf, das mir hilft.*

Ich riet dem jungen Mann, nebenberuflich sein Fachabitur zu machen und danach ein Studium zu beginnen, da er sich sehr für technische Dinge interessierte.

Ich weiß nicht mehr wörtlich, was ich alles auf die Kassette sprach. Ich erinnere mich aber an meine Schlußsätze sehr genau: »Glauben Sie an sich und Ihre Möglichkeiten. Ich glaube an Sie. Glauben Sie auch an sich. Sie schaffen es.«

Zwei Jahre vergingen. Ich dachte schon längst nicht mehr an die Angelegenheit. Unerwartet erhielt ich einen Brief von jenem jungen Mann, an den ich mich dann erst beim Lesen seiner Zeilen wieder erinnerte. Er schrieb mir, daß er sein Fachabitur mit gutem Abschluß geschafft und ein Studium begonnen hatte. Sein Brief endete mit den Worten:

*Ich habe das große Bedürfnis, Ihnen mitzuteilen, daß ich Ihnen die entscheidende Wende in meinem Leben verdanke. Ich werde das nie vergessen.*

Sie gewinnen großen Einfluß auf den Mitmenschen und einen Freund, wenn Sie sein Selbstwertgefühl steigern. Erhöhen Sie also das Selbstwertgefühl des anderen. Bringen Sie zum Ausdruck: *Ich glaube an Dich.*

### 3. Warum ein Lob eine so große Bedeutung hat

Welche Einstellung haben Sie zu einem Lob? Meinen Sie:

- Wenn ich einen Mitmenschen nicht tadle, dann sollte er sich schon gelobt fühlen?
- Lob ist überhaupt nicht notwendig, es bewirkt nichts.
- Lob macht Mitmenschen nur hochmütig.
- Mit einem Lob sinkt man auf der Sympathieskala des Mitmenschen.

Jede der vier Haltungen stellt einen falschen Glaubensgrundsatz dar. Das Gegenteil ist vielmehr richtig.

Es ist bewiesen: Chefs, die ihre Mitarbeiter nie loben, erzielen schlechtere Resultate als diejenigen, die ihnen für die geleistete Arbeit ein Lob aussprechen. Und wer seinen Chef wegen seiner guten Eigenschaften lobt, macht eher Karriere als alle noch so Fleißigen. Wenn Sie Ihren Chef loben und sich Ihr Lob nicht gegen die Kollegen richtet, so hat das auch nichts mit Radfahren oder Katzbuckeln zu tun. Übrigens kommt der Erfolg einer Tierdressur auch nur dadurch zustande, daß das Tier nach jeder geglückten Übung auch gelobt wird.

Für Ihr Kind, Ihre Frau, Ihren Mann, Ihre Kollegen, Ihre Mitarbeiter, ja für jeden Menschen bedeutet ein Lob sehr viel. Mit einem Lob machen Sie dem Mitmenschen eine Freude, stärken sein Selbstwertgefühl und gewinnen Sie Freunde. Entwickeln Sie daher die richtige Einstellung zum Lob:

- Jeder braucht ein Lob wie die Luft zum Atmen.
- Der andere freut sich über ein Lob so wie Sie.
- Durch ein Lob geben Sie dem Mitmenschen Anerkennung.
- Nur durch ein Lob weiß jeder, ob seine Leistung, seine Arbeit oder das, worauf er stolz ist, von Ihnen geschätzt wird.

Nehmen wir einmal an, Sie liefern Ihrem Chef eine Arbeit ab, die Sie zum ersten Mal gemacht haben. Er äußert sich zu dieser Arbeit mit keinem Wort. Fühlen Sie sich dann nicht verunsichert?

Ein anderes Beispiel: Sie zeigen Ihrem Kollegen das neue Auto, das Sie sich gekauft haben. Er zeigt überhaupt keine positive Reaktion, weder ein lobendes Wort noch ein anerkennendes Nicken, auch keine zustimmende Äußerung. Die meisten Menschen werden dieses Verhalten als negative Kritik deuten. Wissen Sie, worauf Prof. Gerald Ferris von der Universität in Texas die Wirkung eines Lobes dem Chef gegenüber zurückführt? Er sagt: »Die meisten Chefs sind unsicher in ihren Entscheidungen und glauben richtig zu liegen, wenn ihre Untergebenen sie loben.« Nun werden Sie mit einem Lob nicht nur bei unsicheren Menschen Erfolg haben oder bei denen, die kein Lob erwarten. Über ein Lob freut sich sogar die selbstbewußteste Persönlichkeit. Mit einem Lob bringen Sie zum Ausdruck: *Ich schätze Sie.*

## 4. So lernen Sie loben

Die große Macht des Lobens besteht in einer besonderen Anerkennung. Doch was genau sollte beim Mitmenschen anerkannt bzw. gelobt werden? Geschickt loben bedeutet, herauszufinden versuchen, worauf der Mitmensch besonders stolz ist, und es dann als Lob in wohldosierter Form vorzubringen.

Es ist leicht zu erraten, worauf eine junge Frau stolz ist, die am

Strand in der Sonne liegt und sich in kurzen Zeitabständen immer wieder einölt. Die Frau wird das Lob »Eine solche Bräune wie Ihre wünsche ich mir« gern hören. Oder nehmen wir eine Familie, die Kinder hat. Worauf werden die Eltern besonders stolz sein? Natürlich auf ihre Kinder. Sagen Sie also den Eltern etwas Positives über die Kinder, das Sie an diesen entdecken können. Und wenn Sie von jemand wissen, daß er ein Hobbytaucher ist, dann können Sie ihn wegen seines Mutes bewundern.

Um überhaupt loben zu können, müssen Sie ein intaktes Selbstwertgefühl haben. Und wenn Sie sich selbst nicht besonders wohl fühlen, werden Sie sich über jede Kleinigkeit aufregen und dazu tendieren, den anderen negativ zu kritisieren. Was ist die Folge? Der Mitmensch reagiert auf Ihr Verhalten feindselig, und Sie erleben die Umwelt nur noch ablehnender. Sie kommen aus dem ganzen Teufelskreis heraus, wenn Sie sich bemühen, den Mitmenschen zu loben. Der Mitmensch fühlt sich wohler. Und Sie werden registrieren: Sie fühlen sich ebenfalls wohler.

Bemühen Sie sich also darum, Ihre Mitmenschen mehr zu loben. So schaffen Sie eine positive Atmosphäre, und der Mitmensch fühlt sich froh. Doch wie ist nun beim Loben vorzugehen?

Nehmen wir einmal an, Sie haben ein Kind. Sie loben es stets, wenn es gute schulische Leistungen erbringt. Wissen Sie, welche Einstellung sich dadurch beim Kind entwickelt? *Ich bin nur dann etwas wert, wenn ich das tue, was meine Eltern von mir erwarten*. Noch anders ausgedrückt: *Meine Eltern mögen mich nur, weil ich Leistung erbringe; meine Eltern lieben mich nicht, weil ich ihr Kind bin*. Einen ähnlichen Fehler beim Loben macht die Ehefrau, die ihren Mann allein wegen seiner beruflichen Erfolge und wegen seiner Fürsorglichkeit für die Familie lobt. Der Ehemann empfängt im sexuellen Bereich keine Streicheleinheiten. Und wenn er diese dann bei einer Freundin erlebt, gerät die

Ehe in eine große Krise. Ein Mann erzählte mir einmal: »Mein Schwiegervater interessiert sich nicht für mich als Menschen. Er interessiert sich nur für das, was ich leiste.«

Jeder, auch Sie, muß lernen, sein Lob, also seine Streicheleinheiten, nicht nur auf einem Gebiet zu verteilen.

Es gibt verschiedene Arten von Menschen:

- vorwiegend Tun-orientierte Menschen
- vorwiegend Sein-orientierte Menschen
- sowohl Sein- wie Tun-orientierte Menschen

Der Tun-orientierte Mensch ist besonders an der Arbeit interessiert. Er ist stolz auf das, was er geschaffen hat. Müßiggang und Erholung bedeuten ihm nicht viel.

Der Sein-orientierte Mensch sieht die Arbeit nicht als Selbstzweck an. Das Erleben der Wirklichkeit und Muße bedeuten ihm viel. Der sowohl Sein- als auch Tun-orientierte Mensch liegt in der Mitte zwischen den beiden genannten Verhaltensweisen. Zu welchem Menschentypen gehören Sie?

Das Nachdenken darüber verhilft Ihnen nicht nur zu mehr Selbsterkenntnis. Wenn Sie ein Tun-orientierter Mensch sind, dann werden Sie beim Loben dazu tendieren, die Menschen überwiegend nur nach ihren Leistungen zu loben. Damit werden Sie aber nicht die Sein-orientierten Menschen erreichen. Denken Sie bitte nach: Wie loben Sie Ihre Mitmenschen? Loben Sie sie nur für das, was sie tun? Oder bemühen Sie sich auch darum, andere auch für das zu loben, was sie sind? Sie loben Ihre Mitmenschen für das, was sie sind, wenn Sie zum Beispiel am Mitmenschen

- ihre/seine Höflichkeit
- ihr/sein sympathisches Wesen
- ihre/seine Ausstrahlung
- ihr/sein Verständnis

- ihre/seine Frisur
- ihre/seine Kleidung

loben, um nur einige Beispiele zu nennen.

Halten wir fest: Es gibt verschiedene Arten, die Mitmenschen zu streicheln. Und der eine Mensch wird auf ein Lob anders ansprechen als der andere.

Um geschickt zu loben, müssen Sie zunächst herausfinden, was für ein Menschentyp der andere ist. Ist er

- überwiegend Tun-orientiert
- Sein-orientiert
- oder in der Mitte von beiden Verhaltensweisen?

Machen Sie sich Gedanken darüber, wie Ihr Partner, Ihre Kinder, Ihre Verwandten, Ihre Kollegen und Ihr Chef eingestellt sind. Schreiben Sie sich Ihre Ergebnisse auf. Und stellen Sie Ihr Lob auf die innere Einstellung des anderen ab.

Sehr hilfreich ist es, mit verschiedenen Arten des Lobes zu experimentieren. Achten Sie darauf, wie der Mitmensch auf ein Lob reagiert. Geben Sie dem/der anderen einmal ein Tun-orientiertes, ein anderes Mal ein Sein-orientiertes Lob. Beobachten Sie, wann er/sie positiv anspricht und wann er/sie nicht reagiert. Jetzt können Sie sogar feststellen, ob Sie ihn/sie richtig eingeschätzt haben. Nun wissen Sie, über welche Art von Lob er/sie sich freut. Und Sie wissen jetzt, wie Sie in Zukunft richtig loben.

Zugegeben, Sie müssen dafür etwas Aufwand treiben. Wenn Sie aber das Selbstwertgefühl des Mitmenschen erhöhen, dann werden auch Sie im Umfang mit dem anderen große Vorteile haben.

Seien Sie aber nicht enttäuscht, wenn Sie auch auf Menschen treffen, die auf jede Art von Lob mißtrauisch und abwehrend reagieren. Nach meiner Erfahrung sind dies fast zwanzig Prozent der Menschen. Solche Menschen lehnen Sie nicht als

Mensch ab, sie empfinden jedes Lob als unangenehm, da sie in der Jugend fast nie Streicheleinheiten erhalten haben. Lassen Sie sich durch das negative Verhalten dieser Menschen nicht aus dem Gleichgewicht bringen. Zeigen Sie solchen Menschen, daß Sie ihnen wohlgesonnen sind. Loben Sie sie einfühlend. Mit der Zeit werden auch solche Menschen ihre Streicheleinheiten als positiv empfinden. Es bleibt dann nur ein sehr geringer Prozentsatz von Menschen übrig, der sich von seiner Abwehrhaltung nicht trennen kann. Solche Menschen bauen eine Mauer von Abwehr um sich, so daß Sie sie auch mit einem Lob nicht erreichen können.

### 5. So geben Sie indirektes Lob

Nutzen Sie die Möglichkeit, ein indirektes Lob zu geben. Sie geben ein indirektes Lob durch

- einen positiven Tonfall
- einen anerkennenden Blick
- ein bejahendes »Hmm«
- zustimmende Äußerungen
- Äußerung positiver Empfindungen
- Nennung des Namens des Gesprächspartners
- Fragen wie: Was ist für Sie besonders wichtig? Oder: Worauf legen Sie den größten Wert?

All diese Verhaltensweisen werden vom Mitmenschen als Streicheleinheiten empfunden.

### 6. Ein Mann erzählt von seinem Chef

Ein Angestellter berichtete mir: »Ich kenne viele Betriebe, in denen die Chefs nur darauf aus sind, ihre Mitarbeiter zu ertappen, wenn sie etwas falsch machen. Bei uns ist das aber anders. Mein Chef ist achtsam, es nicht zu verpassen, wenn ich und meine Kollegen etwas gut gemacht haben, wenn wir an einem neuen Projekt oder Aufgabengebiet arbeiten.«

»Wie macht er das?« wollte ich wissen.

Der Mann erwiderte: »Wenn ich eine Arbeit gut erledigt habe, dann kommt er zu mir und berührt mit seiner Hand wohlwollend meinen Arm.«

»Finden Sie das nicht aufdringlich?« wollte ich wissen.

»Nein, überhaupt nicht«, antwortete der Angestellte. »So weiß ich, daß ihm an mir etwas liegt. Er sagt mir dann sehr genau, was ich gut gemacht habe. Er zeigt mir sein Gefühl der Freude.«

»Hebt das Ihr Selbstwertgefühl?« fragte ich ihn.

»Und ob«, antwortete er. »Und da er genau erwähnt, was ich gut gemacht habe, weiß ich sein ehrliches Lob um so mehr zu schätzen. Mein Chef macht nach seinem Lob auch immer eine Gesprächspause von einigen Sekunden, damit ich die Freude so richtig fühlen kann.«

»Macht das Ihr Chef auch dann, wenn nicht Sie, doch andere ihm Anlaß zum Ärger gaben?« wollte ich neugierig wissen.

»Das ist es, was ich an meinem Chef so besonders schätze«, sagte der Angestellte. »Er stellt sich ganz auf mich und meine Arbeit ein und reagiert bei mir nicht Ärger ab.«

»Wird denn das Loben Ihrem Chef nicht zuviel?« fragte ich den Angestellten.

»Ich sagte es schon«, wiederholte er. »Mein Chef macht es immer dann so, wenn jemand von uns eine neue Sache anfängt. Um Routinearbeiten kümmert er sich nicht so.«

»Wozu hat das Loben Ihres Chefs geführt?« interessierte es mich.

»Mein Chef ist der erfolgreichste Abteilungsleiter im ganzen Betrieb. Und ich selbst arbeite so engagiert wie noch bei keiner anderen Firma vorher. Und vor allem: Die Arbeit macht mir Freude.«

## 7. Gehen Sie so bei einem Lob vor

Sie loben dann richtig, wenn Sie wie folgt verfahren:

- Loben Sie sofort.
- Zeigen Sie dem Mitmenschen Ihre Freude.
- Sagen Sie dem Mitmenschen, was Sie gut finden.
- Nennen Sie Einzelheiten.
- Loben Sie Sein-orientiert.
- Loben Sie Tun-orientiert.
- Machen Sie nach dem Lob eine Gesprächspause von einigen Sekunden, damit der/die Gelobte das Lob auch fühlen kann.
- Drücken Sie dem/der anderen zur Anerkennung die Hand, oder berühren Sie ihn/sie wohlwollend.

## 8. Was eine Frau fühlt, wenn sie geschätzt wird

Eine Frau erzählte, wie sie sich fühlt, wenn sie geschätzt wird:

»Wenn man mich nicht schätzt und anerkennt, dann fühle ich mich klein. Meine unangenehmen Gefühle schränken mein Verhalten ein. Wenn man mich aber schätzt, dann blühe ich richtig auf. Dann zeige ich all das Positive, das in mir steckt. In einem feindseligen, abweisenden Milieu fühle ich mich reduziert. Ich fühle mich innerlich erwärmt, wenn ich fühle, daß mich jemand akzeptiert, lobt oder schätzt. Früher war es mir sehr schwergefallen, so etwas anzunehmen. Lange Zeit wollte ich all die positiven Gefühle, die mir galten, nicht annehmen. Mit meiner Reaktion ›Ich glaube nicht, was Du sagst, Du schätzt höchstens meine Leistungen, aber nicht mich‹ schob ich solche positiven Gefühle beiseite. Heute kann ich mich solchen Gefühlen gegenüber öffnen. Ich weiß, daß mir manchmal Leute schmeicheln, um einen Vorteil für sich zu gewinnen. Und andere loben mich, weil sie nicht für feindselig gehalten werden möchten. Aber es gibt wirklich Leute, die mich schätzen und mögen. Heute kann ich die Wertschätzung wirklich annehmen. Darüber bin ich sehr glücklich. Werde ich geschätzt, dann blühe ich auf. Das hilft mir, mich zu meiner Einzigartigkeit zu entwickeln.«

Die Frau spricht stellvertretend für so viele Menschen. Und spricht sie nicht auch stellvertretend für Ihr eigenes Erleben?

## 9. Wie G. B. Shaw einen negativen Kritiker sieht

Zufällig traf G. B. Shaw auf der Straße einen Kritiker, der seine Arbeiten schon häufig »verrissen« hatte. Es wurden einige belanglose Worte gewechselt, und dann sagte Shaw:

»Sie kommen mir vor wie das Gegenstück von einem Hahn.«

Verwundert fragte der Kritiker: »Was soll denn das bedeuten? Ich verstehe den Vergleich nicht.«

»Das ist doch ganz einfach zu verstehen«, lächelte der irische Spötter. Und er fuhr fort: »Ein Hahn scharrt in einem Haufen Mist, bis er ein Körnchen findet. Sie aber scharren in einem Körnerhaufen, um ein Stückchen Mist zu finden.«

G. B. Shaw ging mit seinem Kritiker noch sanft um. Er wies ihn nämlich darauf hin, was für eine destruktive Verhaltensweise eine solche Kritik ist.

Hermann Bahr schrieb einmal an einen Kritiker, mit dem ihn später sogar Freundschaft verband:

»Ich sitze hier auf einem verschwiegenen Ort, auf den mich niemand begleiten kann. Noch habe ich Ihre Kritik vor mir, bald werde ich sie hinter mir haben.«

## 10. Kritisieren Sie positiv

Ein Regisseur fragte den Komiker Karl Valentin, wie ihm sein neuer Film gefallen habe.

»Na ja, er hätte schlechter sein können«, antwortete Valentin.

Der Regisseur, erregt über das Urteil, äußerte: »Wie können Sie so etwas sagen, Herr Valentin.«

Darauf verbesserte sich Karl Valentin und meinte: »Gut, dann sage ich halt, er hätte nicht schlechter sein können.«

G. B. Shaw hatte es bereits zum Ausdruck gebracht; es ist wie ein psychologisches Gesetz: Betont sehen viele Menschen nur das Negative, das ihnen mißfällt. Das Positive wird schon gar nicht mehr erkannt, und deshalb tadeln und kritisieren so viele Menschen negativ. Was ist die Folge? Der so Kritisierte fühlt sich angegriffen, in die Enge getrieben, verletzt. Er steht unter dem Einfluß von Streßhormonen und ist zu keinem wirklichen Gespräch fähig. Der Kritisierte fühlt sich vollkommen abgelehnt, denn der Kritiker signalisiert ihm: Du bist nicht O. K. Eine Atmosphäre des Mißtrauens entwickelt sich. Wenn Sie einen Menschen kritisieren, dann müssen Sie am Ende der Kritik das Gefühl geben, daß Sie ihn schätzen.

Vermeiden Sie die üblichen Fehler bei der Kritik. Kritisieren Sie also

- nie unbeherrscht, indem Sie Ihren Ärger abreagieren;
- niemals in Gegenwart anderer Menschen;
- niemals eine persönliche Eigenschaft, sondern nur das sachliche Verhalten;
- sofort und nicht mehrere Wochen später, da Sie sonst für nachtragend gehalten werden;
- nicht voreilig, sondern verschaffen Sie sich ein klares Bild der Situation durch Fragen.

Beenden Sie die Kritik mit einer Anerkennung, und sprechen Sie von den guten Seiten des anderen. Schließen Sie jede Kritik mit einer versöhnlichen Geste, und zeigen Sie Vertrauen in Ihr Gegenüber. Wenn Sie zeigen, daß Sie an die Fähigkeiten des anderen glauben, dann wird er all seine Kräfte mobilisieren.

## 11. So gehen Sie bei einer Kritik vor

Sie kritisieren dann richtig, wenn Sie wie folgt verfahren: Kritisieren Sie das Verhalten und nicht den Menschen. Machen Sie also einen Unterschied zwischen dem Wert und dem Verhalten des Menschen. Nur wenn Sie dem Mitmenschen auch sagen, daß Sie ihn mögen, wird das zu Fortschritten in seinem Verhalten führen.

*Teil I*

- Kritisieren Sie sofort.
- Sagen Sie dem Mitmenschen, was er falsch gemacht hat oder was Sie stört, und nennen Sie Einzelheiten.
- Beschreiben Sie, welche Gefühle der andere durch sein Verhalten in Ihnen ausgelöst hat.
- Machen Sie eine Pause von einigen Sekunden; so vermag der Kritisierte Ihre Gefühle nachzuerleben.

*Teil II*

- Bringen Sie zum Ausdruck, daß Sie den Mitmenschen mögen und schätzen und sich nur in dem speziellen Fall über ihn geärgert haben.
- Sagen Sie, daß Sie gern mit ihm sprechen, reichen Sie ihm die Hand, oder berühren Sie ihn wohlwollend.
- Die Angelegenheit ist erledigt; hüten Sie sich vor dem Fehler, nachtragend zu sein.

**Zusammenfassung**

1. Ermutigen Sie den Mitmenschen. Bringen Sie zum Ausdruck, daß Sie an ihn glauben.

2. Mit Anerkennung und Lob gewinnen Sie die Herzen der Mitmenschen.

3. Nur durch Ihr Lob und Ihre Anerkennung weiß Ihr Gegenüber, ob Sie ihn schätzen.

4. Erhofft Ihr Gesprächspartner ein Lob von Ihnen, und es bleibt aus, so empfindet er Ihre Reaktion als Tadel.

5. Loben Sie bei einem vorwiegend Tun-orientierten Menschen seine Leistungen, bei einem überwiegend Sein-orientierten Menschen zum Beispiel sein sympathisches Wesen.

6. Experimentieren Sie mit unterschiedlichen Arten des Lobs, um herauszufinden, wofür der andere empfänglich ist.

7. Nennen Sie dem Mitmenschen detailliert, was Sie gut finden. Und machen Sie nach dem Lob eine Pause von mehreren Sekunden.

8. Etwa 20 Prozent der Menschen ist ein Lob unangenehm, da sie in der Jugend nie Streicheleinheiten erhalten haben.

9. Loben Sie solche Menschen behutsam und konsequent. Mit der Zeit werden sie Streicheleinheiten positiv aufnehmen.

10. Geben Sie indirektes Lob durch einen positiven, bejahenden Tonfall, einen anerkennenden Blick, ein bejahendes »Hmm«, zustimmende Äußerungen und das Mitteilen von positiven Empfindungen.

11. Der negative Kritiker sucht immer nur nach dem Negativen, um sein Gegenüber herunterzuziehen.

12. Mit negativer Kritik signalisieren Sie dem Mitmenschen: Du bist nicht O. K. Die Beziehung wird negativ.

13. Vermeiden Sie den Fehler, in Gegenwart anderer zu kritisieren oder mit der Kritik Ärger abzureagieren.

14. Kritisieren Sie nur das Verhalten, aber nicht den Wert des Menschen.

15. In Teil I ihrer Kritik nennen Sie Einzelheiten, die Sie stören. Sie beschreiben Ihre unangenehmen Gefühle und machen eine Pause von mehreren Sekunden.

16. In Teil II Ihrer Kritik bringen Sie zum Ausdruck: Sie schätzen nur diese eine Verhaltensweise des Mitmenschen nicht. Ansonsten mögen und bejahen Sie ihn.

# Kapitel 6

# Werden Sie aktiv, um Freunde zu gewinnen

## 1. Seien Sie sich selbst ein Freund

Antoine de Saint-Exupéry sagt:

*Es gibt nur eine wahrhafte Freude: den Umgang mit Menschen.*

Wer mit anderen richtig umgehen will, muß zunächst lernen, mit sich selbst richtig umzugehen. Die Unfähigkeit, Freunde zu gewinnen, ist auf krankhafte Ursachen der Seele zurückzuführen. Sehr oft ist es die Egozentrik – nicht zu verwechseln mit dem Egoismus –, mit der Minderwertigkeitsgefühle kompensiert werden. Hat ein Mensch sich aber von den Minderwertigkeitsgefühlen befreit und Vertrauen zu sich selbst gewonnen, ist er auch fähig, freundschaftliche Beziehungen zu Mitmenschen einzugehen.

Nur wenn Sie sich selbst ein Freund sind, können Sie auch dem anderen ein Freund sein. Sie müssen sich also selbst leiden können, um den Mitmenschen zu mögen.

Um sich selbst zu bejahen, müssen Sie sich selbst erkennen. Sie brauchen Zeit, um sich selbst zu finden. Auf der Suche nach der eigenen Identität beschäftigen Sie die Fragen: Wer bin ich? Welche positiven Anlagen habe ich? Was sind meine empfindlichen Stellen? Wo habe ich Spannungen in meinem Wesen, die Gefahren darstellen, die ich bewältigen muß? Eine Persönlichkeitsanalyse nach dem Geburtshoroskop, das ganz individuell auf Sie ausgerichtet ist, beantwortet Ihnen diese Fragen. Ich hätte meinen eigenen Weg der Identitätsfindung erheblich abkürzen können, wenn ich eine solche Persönlichkeitsanalyse früher zur Verfügung gehabt hätte. Vielen Menschen hat eine solche Persönlichkeitsanalyse schon geholfen. Wie Sie sie erhalten, ist am Ende des Buches angegeben.

Niemand ist ohne Fehler. Jeder erlebt Erfolge und Mißerfolge.

Wenn Sie aber all Ihre Fehler und Verirrungen richtig verarbeiten, dann dient alles Ihrer Weiterentwicklung. Antoine de Saint-Exupéry sagt zu Recht:

*Leben heißt langsam Geborenwerden. Es wäre allzu bequem, fixfertige Seelen auszuleihen.*

Ihre Entwicklung ist also nie beendet. Wichtig ist, daß Sie sich für das Gute entscheiden und daß die Richtung stimmt. Mit dieser Einstellung nehmen Sie auch die richtige Haltung gegenüber Ihren Schwächen ein.

Die Bibel schreibt: *Du sollst deinen Nächsten lieben wie dich selbst.* Damit ist ein Selbstwertgefühl gemeint, mit dem Sie sich und den Mitmenschen annehmen. Die Selbstliebe darf aber nicht mit der Selbstsucht verwechselt werden. Erich Fromm sagt dazu: »Der Selbstsüchtige interessiert sich nur für sich selbst, er hat keine Freude am Geben, sondern nur am Nehmen ... Der Selbstsüchtige liebt sich selbst nicht zu sehr, sondern zu wenig; tatsächlich haßt er sich.«

Welche Einstellung haben Sie zu sich? Mögen Sie sich? Lieben Sie sich? Wie verhalten Sie sich gegenüber sich selbst? Wie gegenüber anderen? Wenn Sie einen anderen verletzen, dann verletzen Sie sich selbst, sogar wenn Sie es manchmal nicht sofort merken. Das Rückwirkungsprinzip hat universelle Gültigkeit. Freundschaft mit sich selbst zu pflegen bedeutet also auch, den Mitmenschen nicht zu verletzen, weil das Negative immer auf Sie zurückwirkt. Und Sie können einem anderen nie so sehr schaden wie sich selbst.

Bejahen Sie sich. Mögen Sie sich. Sagen Sie sich: *Die göttliche Kraft ist in mir.* Oder wenn Sie lieber wollen: *Das Gute ist in mir.*

## 2. Ergreifen Sie die Initiative

Bauen Sie systematisch Gedanken des eigenen Wertes auf. Sie können folgenden Bejahungstext am Tage mehrmals in Gedanken durchgehen:

*Ich glaube an mich. Das Gute ist in mir. Ich bin in mir geborgen. Meine Kraft strahlt nach außen.*

Wenn Sie Ihr Selbstwertgefühl steigern, fällt es Ihnen leichter, auf Mitmenschen zuzugehen. Es ist zwar bequem, sich zu sagen: »Laß doch ihn/sie zuerst reden.« Doch mit einer solchen Einstellung werden Sie keine Freunde gewinnen. Wenn Sie dagegen selbst aktiv werden und neue Bekanntschaften anknüpfen, dann beweisen Sie Persönlichkeit. Der gehemmte Mensch meint immer, er sei bescheiden. Aber das ist ein großer Irrtum. Der Gehemmte ist ein großer Egoist. Der Gehemmte wartet ab, ob ihn jemand zuerst grüßt. Stets hofft er, daß er auch bemerkt wird. Er will nicht den ersten Schritt tun. Mit dieser Haltung schielt der Gehemmte auf den Mitmenschen. Und wenn dieser genauso gehemmt ist wie er, dann geschieht nichts. Und was ist die Folge? Der Gehemmte meint, es hätte sich sowieso nicht gelohnt, mit dem anderen Kontakt aufzunehmen. Machen Sie diesen Fehler nicht. Gehen Sie auf den anderen zu. Steigern Sie Ihre Initiative durch Selbstbejahung. Lassen Sie sich von dem Gedanken durchdringen:

*Ich ergreife Initiative. Ich gehe auf Menschen zu. So zeige ich Persönlichkeit. Meine innere Kraft strahlt nach außen.*

## 3. Wo Sie neue Freunde finden

Natürlich können Sie bei jeder Gelegenheit einen Freund kennenlernen. Besonders groß sind die Chancen dann, wenn Sie Gruppen beitreten, die solchen Aktivitäten nachgehen, an denen Sie Freude haben. Es spielt dabei keine Rolle, um welche Aktivitäten es sich handelt. Wichtig ist nur, daß es Tätigkeiten sind, die Menschen einander näherbringen. Sie können neue Freunde finden beim Besuch eines Seminars, im Kunst- oder Sportverein, allgemein in einem Hobbyclub, bei einer Gesellschaft, während einer Studienreise, beim Besuch eines Museums oder einer Kunstausstellung, um nur einige Beispiele zu nennen.

## 4. Ihre Anziehungskraft ist entscheidend für das Kennenlernen

Eine große Rolle beim Kennenlernen spielt, ob Sie auf den anderen eine persönliche Anziehungskraft ausüben. Wir haben uns damit in Kapitel 2, Kapitel 3 und Kapitel 4 beschäftigt. Hier zur Wiederholung das 10-Punkte-Programm zur Steigerung Ihrer Anziehungskraft:

1. Legen Sie Wert auf ein ansprechendes Äußeres.
2. Zeigen Sie sich optimistisch und heiter.
3. Zeigen Sie Humor.
4. Seien Sie höflich und freundlich.
5. Nennen Sie den Namen des anderen.
6. Zeigen Sie Interesse am anderen.
7. Seien Sie ein guter Zuhörer.
8. Geben Sie dem anderen Anerkennung und Lob.
9. Versuchen Sie, die Dinge vom Standpunkt des anderen aus zu sehen.
10. Sagen Sie nie direkt, daß des anderen Meinung falsch ist.

## 5. Was spielt sich beim Kennenlernen ab?

Wenn Sie die Ratschläge beachten, werden Sie anziehend auf den Mitmenschen wirken. Fällt es Ihnen schwer? Dann stellen Sie sich doch einmal vor, wie Sie wirken, wenn Sie unfreundich, unhöflich, mißmutig und egozentrisch sind.

Nehmen wir einmal an, der andere habe etwas an sich, das Sie anzieht, und Sie versuchen, Kontakt aufzunehmen. Sie sagen vielleicht: »Schönes Wetter heute« oder »Sind Sie zum ersten Male in dieser Stadt?« oder etwas anderes.

Hüllt sich der andere in Schweigen oder zeigt deutlich seine Ablehnung, dann können Sie sich leicht zurückziehen. Antwortet Ihr Gegenüber ermutigend, dann können Sie das Gespräch leicht in die gewünschte Richtung bringen. In diesem Stadium ist das Gespräch weder besonders ernst noch tief. Notwendig ist aber, daß Sie die Fähigkeit zur Konversation beherrschen. Wie Sie geschickt Konversation machen, habe ich in meinem Buch »Menschen erkennen, durchschauen, verstehen« an vielen Beispielen beschrieben. In diesem Anfangsstadium der Konversation können sowohl Sie als auch der Partner entscheiden, ob die Beziehung vertieft werden soll. Ist das der Fall, dann haben die Mitteilungen persönlichen Charakter, und Sie sprechen vielleicht über Hobby, Beruf und persönliche Ansichten. Hat das Gespräch dieses Stadium erreicht, dann können Sie ein weiteres Treffen vorschlagen.

Nach mehreren Treffen kann sich aus der Beziehung eine enge Freundschaft entwickeln. Es ist aber auch möglich, daß die Beziehung bei einer oberflächlichen Freundschaft stehenbleibt. Oft reicht es dazu aus, daß einer von beiden sagt, das nächste Treffen solle verschoben werden, er könne aber noch nicht sagen, auf wann. An solchen unbestimmten Aussagen erkennen Sie, daß es besser ist, die Beziehung nicht weiter zu vertiefen. Und so trennen Sie sich, ohne sich auf ein weiteres Treffen festzulegen.

## 6. Nehmen Sie Ihrem Gegenüber die Befangenheit

Zeigen Sie sich Ihrem Gegenüber am Anfang nicht zu kritisch. Vielleicht zeigt der andere Ihnen gegenüber Verlegenheit, weil er schüchtern ist oder weil er nicht weiß, was er sagen soll. Und vielleicht braucht Ihr Gegenüber auch etwas Zeit, sich auf Sie einzustellen, weil er vor kurzer Zeit ein unangenehmes Erlebnis hatte. Strahlen Sie wohlwollendes Verhalten auf den anderen aus. Ziehen Sie keine voreiligen Schlüsse, und warten Sie noch eine Weile ab. Manchmal erinnern sich Menschen nicht mehr an Sie, obwohl Sie ihnen schon früher einmal begegnet sind. Sagen Sie dann nicht vorwurfsvoll: »Eigentlich müßten Sie meinen Namen wissen.« Sie nehmen dem anderen die Befangenheit, wenn Sie auf ihn zugehen und Ihren Namen nennen. Sagen Sie: »Mein Name ist … ich weiß nicht, ob Sie sich noch an mich erinnern. Wir sind uns neulich … (z. B. auf der Messe) begegnet.«

## 7. Gemeinsames Lachen verbindet

Humor ist ein ausgezeichnetes Mittel, Kontakte zu schaffen. Nehmen wir einmal an, Sie sitzen im Zug. Sie möchten sich gern unterhalten. Der Steward kommt vorbei, und Sie fragen nach Käsebrötchen. Er antwortet, daß er nur noch Kekse habe. Sie kaufen diese und machen die Bemerkung zu Ihrem Nachbarn:

»Jetzt muß man sogar schon zu Mittag Kekse essen.« Das gemeinsame Lachen schafft eine gute Einleitung für ein Gespräch.

Um welche Situation es sich auch immer handelt: Ein humorvoller Gesprächseinstieg ist eine ausgezeichnete Möglichkeit, eine Beziehung anzuknüpfen.

### 8. Die Einstellung zu Ablehnungen

Gehen Sie davon aus, daß die meisten Menschen Sie mögen. Mit dieser Einstellung werden Sie auch am besten mit einer gelegentlichen Ablehnung fertig. Nicht nur Sie werden sich Freunde auswählen, die Sie mögen. Auch die Mitmenschen haben das Recht, bei der Wahl ihrer Freunde kritisch zu sein. Eine Ablehnung bedeutet nicht, kein wertvoller Mensch zu sein. Sie nehmen eine Ablehnung humorvoll, wenn Sie sich sagen: »Er oder sie besitzt offenbar keinen guten Geschmack.«

Achten Sie darauf, daß sich durch Ablehnungen Ihr Selbstbild nicht negativ ändert. Bei vielen Menschen führen Ablehnungen zu Wunden, die sich in Gefühlen der Unsicherheit und Unzulänglichkeit äußern. Solche Menschen erwarten, daß jede neue Bekanntschaft eine Ablehnung bringt. Jemand mit einer solchen Einstellung benimmt sich so, daß sich seine Erwartungen bald erfüllen. Solche Menschen übersteigern nicht nur ihre Bemühungen zu gefallen, sie sind wegen ihrer Erfahrungen auch sehr empfindlich.

Es wurde schon darauf hingewiesen: Selbstvertrauen und Selbstsicherheit machen Sie anziehend, mit Unsicherheit und Minderwertigkeitsgefühlen wirken Sie dagegen unsympathisch.

Manche Menschen wollen wegen ihrer Minderwertigkeitsgefühle schon gar nicht mehr wahrhaben, wenn sie anerkannt werden. Sie sagen sich dann: »Der andere meint es nicht ernst« oder »Er/sie wird seine/ihre Meinung bald korrigieren, wenn er/sie mich näher kennt.«

Solche Haltungen verhindern, daß sich eine Freundschaft entwickeln kann. Steigern Sie also Ihr Selbstwertgefühl und Ihr Selbstvertrauen durch Bejahungen. Fühlen und geben Sie sich so, als seien Sie beliebt. Dann werden die meisten Mitmenschen Sie auch sympathisch finden.

Führen Sie die Übungen zur Steigerung Ihres Selbstvertrauens regelmäßig durch. Ein solches Training baut Sie innerlich auf, und Sie werden mit Ablehnungen und Enttäuschungen leichter fertig.

**Zusammenfassung**

1. Nur wenn Sie nicht egozentrisch sind und keine Minderwertigkeitsgefühle haben, vermögen Sie freundschaftliche Beziehungen zu Mitmenschen zu schaffen.

2. Eine Persönlichkeitsanalyse nach dem Geburtshoroskop hilft Ihnen, Ihre positiven Anlagen, empfindlichen Stellen und Spannungen zu erkennen.

3. Erkennen Sie mit der Persönlichkeitsanalyse Ihre Identität, dann werden Sie sich selbst zum Freund.

4. In der Bibel steht: *Du sollst deinen Nächsten lieben wie dich selbst.*

5. Wenn Sie einen Mitmenschen verletzen, dann schaden Sie sich selbst am meisten.

6. Steigern Sie Ihr Selbstwertgefühl durch Selbstbejahung, dann fällt es Ihnen leichter, auf Mitmenschen zuzugehen.

7. Erhöhen Sie Ihre Initiative, auf Mitmenschen zuzugehen, durch Selbstbejahung.

8. Sie finden Freunde, wenn Sie mit anderen Menschen gemeinsamen Aktivitäten nachgehen, die Ihnen Freude bereiten.

9. Ihre persönliche Anziehungskraft ist entscheidend, um neue Kontakte zu schaffen.

10. Steigern Sie Ihre Anziehungskraft nach dem 10-Punkte-Programm.

11. Seien Sie bei der ersten Begegnung nicht zu kritisch, und nehmen Sie dem anderen die Befangenheit.

12. Das erste Stadium der Konversation bewegt sich an der Oberfläche. Sie entscheiden, ob Sie die Beziehung vertiefen wollen.

13. Im zweiten Stadium der Konversation haben Ihre Mitteilungen persönlichen Charakter, und Sie sprechen vielleicht über Hobbys, Beruf und persönliche Ansichten.

14. Nach mehreren Treffen kann sich eine enge Freundschaft entwickeln, oder aber die Beziehung bleibt im oberflächlichen Stadium.

15. Humor ist ein ausgezeichnetes Mittel, Kontakte zu schaffen.

16. Sie nehmen eine Ablehnung humorvoll, wenn Sie sich sagen: Der andere zeigt keinen guten Geschmack.

17. Steigern Sie Ihr Selbstwertgefühl durch Selbstbejahung, dann reagieren Sie nicht empfindlich.

# Kapitel 7

# In Gesprächen Freunde gewinnen

## 1. Befreien Sie sich vom Druck, immer recht haben zu müssen

Benjamin Franklin, der ehemalige amerikanische Präsident, hatte in seiner Jugend große Schwierigkeiten, mit Menschen auszukommen. Anstatt Freunde zu gewinnen, machte er sich viele Feinde, weil er immer die Ansichten seiner Gesprächspartner zu widerlegen versuchte.

Dieses Verhalten ist nicht selten. Gewiß haben Sie schon viele Gespräche erlebt, in denen jeder Gesprächspartner glaubte, unfehlbar zu sein. Keiner von beiden ist der Ansicht, daß auch nur die Mögichkeit besteht, den Sachverhalt anders zu sehen, als er es tut. Für jeden der beiden Streiter wäre ein Irrtum gleichbedeutend mit der Verletzung seines Selbstwertgefühls. Jeder klammert sich starr an seine vorgefaßte Meinung und will nur das wahrhaben, was in sein starres und festes Konzept von der Wirklichkeit paßt. Solche Menschen glauben, bereits alles zu wissen, unfehlbar zu sein und vom anderen nicht lernen zu können.

Nun ist das Ziel jedes Gespräches die gegenseitige Information. Rechthaberei isoliert Sie vom Mitmenschen. Wenn Sie sich vom Druck befreien, immer recht haben zu müssen, dann haben Sie auch die Möglichkeit, vom anderen zu lernen. Doch nicht nur das. Geschickte Gesprächsführung ist der Schlüssel zum Herzen des Mitmenschen. Benjamin Franklin schreibt dazu: »Wenn jemand etwas vorbrachte, das mir unwichtig erschien, verzichtete ich auf das Vergnügen, ihn sofort zu unterbrechen und ihm die Widersprüche in seinen Ansichten zu beweisen. Wenn ich antwortete, begann ich damit, seine Ansichten seien unter gewissen Umständen richtig, doch müßten im vorliegenden Fall einige Unterschiede berücksichtigt werden, nämlich ... Ich fand bald heraus, daß diese Methode ein Gespräch viel erfolgreicher und angenehmer gestalten konnte. Die bescheidene Art und Weise, wie ich so meine Meinung zum Ausdruck bringen konnte, öffnete mir viele Türen und weckte wenig Widerspruch. Wenn man selbst im Unrecht ist, ist diese Möglichkeit weniger demütigend als offener Widerspruch, und wenn man im Recht ist, hilft man damit dem anderen, seine Ansicht aufzugeben und sich zu einer anderen zu bekennen.«

Machen Sie es wie Benjamin Franklin. Setzen Sie sich nicht in offenen Widerspruch zum anderen. Sagen Sie dem anderen nie direkt: Meine Ansicht ist richtig, Deine ist falsch. Verzichten Sie auf ein Verhalten, das nur Widerstand erzeugt.

## 2. Stellen Sie sich mit geschickten Fragen auf Ihren Gesprächspartner ein

Vermeiden Sie bei einem Gespräch den Fehler, Ihre eigene Sicht- und Denkweise in den Vordergrund zu stellen. Fragen Sie vielmehr den anderen, wie er diese oder jene Sache sieht. Lassen Sie also den Mitmenschen reden, und hören Sie zu.

Die Fragetechnik hat folgende Vorteile für Sie:

- Sie erfahren, was Ihr Gesprächspartner denkt.
- Der Gesprächspartner steht im Mittelpunkt des Gesprächs, da Sie nach seiner Meinung fragen.
- Wenn Sie Fragen stellen, stellen Sie nicht Ihre eigene Meinung in den Vordergrund.
- Die Antworten Ihres Gesprächspartners zeigen Ihnen, woran er interessiert ist.
- Sie verstehen die Situation Ihres Gegenübers und können ihm besser helfen.
- Wenn Sie fragen, dann reden Sie selbst nicht zu viel.
- Mit Fragen veranlassen Sie sich und den Gesprächspartner zu einem klareren Denken.
- Mit Fragen vermeiden Sie Mißverständnisse.

- Mit Ihren Fragen lenken Sie das Denken des anderen. Er kommt zu eigenen Schlüssen, die auch Ihre Gedanken sind.
- Mit Fragen bringen Sie sich selbst dazu, einen Sachverhalt logisch zu durchdenken.

Die Fragetechnik ist nicht ganz einfach. Aus meinen Seminaren weiß ich, daß die meisten Menschen immer nur in Aussagen denken. Sie müssen erst lernen, Fragen zu stellen. Mit etwas Übung kann es aber jeder lernen.

Besonders vorteilhaft sind offene Fragen. Eine solche Frage ist zum Beispiel: »Was hat Ihnen in Mexiko besonders gefallen?« Eine geschlossene Frage, zum Beispiel: »Hat es Ihnen in Mexiko gefallen?« gibt Ihnen mit der Antwort »Ja« oder »Nein« erheblich weniger Informationen.

Zeigt sich Ihr Gesprächspartner an einer Sache nicht interessiert, so sollten Sie nach dem Grund fragen. Fragen Sie: »Können Sie mir sagen, was Ihnen an der Sache nicht gefällt?« Oft wird ein Einwand vorgeschoben, der nicht der Grund, also nur ein Vorwand ist. Fragen Sie bei jedem Einwand: »Gibt es noch einen anderen Grund, der dagegen spricht?« Verneint der Gesprächspartner dies, so hat er mit hoher Wahrscheinlichkeit den wahren Grund genannt.

Äußert er jedoch: »Ja, da gibt es noch ...« und nennt dann einen weiteren Grund, dann war der erstgenannte »Grund« nicht der wahre Grund. Sehr vorteilhaft für die Gesprächsführung ist, wenn Sie eine Zusammenfassung der Ergebnisse vornehmen und am Schluß eine Frage stellen:

»Wenn ich Sie richtig verstanden habe, meinen Sie also ...« (nun geben Sie Ihre Zusammenfassung). »Habe ich etwas Wichtiges vergessen?«

So vermeiden Sie, daß Ihrem Gesprächspartner nachträglich noch etwas für ihn Wichtiges einfällt, und verhindern einen Mißerfolg des Gespräches.

## 3. Ein Beispiel zur Fragetechnik

Hier zunächst ein Beispiel für eine unbefriedigende Kommunikation:

Der 12jährige Junge kommt von der Schule nach Hause.

*Junge* — »Vater, es tut mit leid, ich habe in Englisch wieder eine Fünf geschrieben.«

*Vater* (erbost) — »Ich habe es dir doch schon einmal gesagt, daß du mehr für die Schule lernen sollst. Warum hast du es nicht getan?«

*Junge* (verstört) — »Es soll ja auch nicht wieder vorkommen. Ich werde mir beim nächsten Mal mehr Mühe geben.«

*Vater* (wütend) — »Das hast du doch auch schon bei der verhauenen Englisch-Arbeit davor gesagt. Und da soll ich dir noch glauben ...?«

*Junge*
(schaut hilflos und beginnt zu weinen).

*Vater* (noch wütender) — »Wenn du beim nächsten Mal wieder mit einer Fünf nach Hause kommst, dann kannst du etwas erleben!«

Der Junge ist froh, nun den Ärger hinter sich zu haben, und zieht sich zurück.

Erkennen Sie, daß ein solches Gespräch in Aussagen überhaupt nichts gebracht hat? Es hat nur eine Verstimmung zwischen Vater und Sohn gegeben. Und nichts wurde besprochen, um das Problem zu lösen. Wenden wir auf dieselbe Situation nun die Fragetechnik an:

*Junge* — »Vater, es tut mir leid, ich habe in Englisch wieder eine Fünf geschrieben.«

| | |
|---|---|
| *Vater* (mitfühlend) | »Das ist eine mißliche Situation. Überlegen wir, was wir daran ändern können.« |
| *Sohn* (erleichtert) | »Ja, daran bin ich auch sehr interessiert.« |
| *Vater* | »Welcher Art sind eigentlich die häufigsten Fehler, die du machst?« |
| *Junge* (schlägt sein Arbeitsheft auf) | »Da gibt es zunächst viele Wörter, die ich falsch geschrieben habe. Und dann mache ich auch noch Zeitfehler.« |
| *Vater* | »Wie wäre wohl deine Arbeit ausgefallen, wenn du nicht diese Fehler gemacht hättest?« |
| *Junge* | »Ich glaube, zwei Noten besser.« |
| *Vater* | »Was schlägst du vor?« |
| *Junge* (nach einigem Überlegen) | »Ich werde neue Vokabeln immer so lernen, daß ich die Worte auch aufschreibe und dann überprüfe. Doch was mache ich im Falle der mir längst bekannten Wörter, die ich falsch schreibe? Dafür müßte ich doch auch noch etwas tun?« |
| *Vater* | »Natürlich. Das ist richtig. Du könntest doch an einem Tag einen Text aus eurem Schulbuch auf die Kassette sprechen und am nächsten Tag beim Abhören niederschreiben.« |
| *Junge* | »Nun bleibt nur noch das Problem der unregelmäßigen Verben.« |
| *Vater* | »Was schlägst du vor?« |
| *Junge* | »Hier könnte ich mich auch nach derselben Technik verbessern.« |
| *Vater* | »Ja, das finde ich gut. Wieviel Stunden müßtest du für diese Arbeit aufbringen, um bald Fortschritte zu machen?« |
| *Junge* | »Nun, ich glaube, schon etwa 6–7 Stunden in der Woche.« |

| | |
|---|---|
| *Vater* | »Gibt es einen Grund, der dagegen spricht?« |
| *Junge* (nach einigem Überlegen) | »Ich habe dann nicht mehr die Zeit, regelmäßig zum Tischtennisverein zu gehen.« |
| *Vater* | »Ist denn das Tischtennisspiel das einzige, was du in deiner Freizeit tust?« |
| *Junge* | »Na ja. Ich sehe auch noch fern.« |
| *Vater* | »Wie lange siehst du denn fern am Tag?« |
| *Junge* (überlegt) | »Etwa zwei Stunden.« |
| *Vater* | »Spricht etwas dagegen, die Zeit auf eine Stunde zu reduzieren?« |
| *Junge* | »Eigentlich nicht.« |
| *Vater* (er faßt alles zusammen, was bisher besprochen wurde) | »Habe ich noch etwas Wichtiges vergessen?« |
| *Junge* | »Nein.« |
| *Vater* | »Dann schlage ich vor, daß wir uns in einer Woche unterhalten, wie du vorankommst.« |
| *Junge* | »Ja, damit bin ich einverstanden.« |

Erkennen Sie den Vorteil der Fragetechnik? Der Vater leitet das Denken seines Sohnes, so daß dieser scheinbar von selbst darauf kommt, was getan werden muß. So wird das Problem richtig angegangen. Vater und Sohn entfremden sich nicht. Die Beziehung wird sogar inniger.

## 4. So lernen Sie, ein besserer Zuhörer zu werden

Was für ein Gefühl haben Sie , wenn Ihnen Ihr Gesprächspartner nicht richtig zuhört? Sie fühlen sich von Ihrem Gegenüber nicht geachtet, und ein sehr unangenehmes Gefühl beschleicht Sie.

Richtiges Zuhören ist nicht einfach. Wenn Sie jemandem richtig zuhören, dann vermitteln Sie ihm das Gefühl: Ich höre Dir zu, weil ich Dich schätze.

Viele Menschen reden ununterbrochen auf den anderen ein.

Wenn dann dieser spricht, dann hören sie nicht richtig zu, sondern überlegen, was sie dem anderen als nächstes antworten. Für jede Kommunikation ist aber das Zuhören immer noch wichtiger, als selbst viel zu sagen. Leider schenken nur wenige Menschen dem anderen ihre volle Aufmerksamkeit. Sie schauen ihrem Gegenüber noch nicht einmal in die Augen, denken an etwas anderes oder wenden sich einem anderen Gesprächspartner zu. Durch ein solches Verhalten nehmen Sie Ihren Mitmenschen nicht an und fügen ihm sogar eine Kränkung zu.

Beim Nichtzuhören handelt es sich oft nicht nur um einen Mangel an Aufmerksamkeit. Viele hören dem anderen von vornherein nicht zu, weil sie zu wissen glauben, was der andere sagen wird. Und so hören sie nur das, was sie vom anderen erwarten, und nicht das, was er tatsächlich sagt. Doch das ist nicht der einzige Grund. Menschen verdrehen die Worte des anderen oft unbewußt so, daß sie das zu hören bekommen, was sie hören möchten. Dahinter verbirgt sich der Wunsch, die Wirklichkeit und den Mitmenschen so zurechtzurücken, wie sie es wünschen.

Welche Fehler entdecken Sie bei sich?

Zuhören ist nicht einfach, und Sie müssen sich dafür auch Zeit nehmen.

Schenken Sie Ihrem Gesprächspartner uneingeschränkte Aufmerksamkeit. Ihr Gesprächspartner fühlt sich geschmeichelt, und Sie vermögen sich ein wirklichkeitsgerechtes Bild der Situation zu machen.

Sehr oft haben viele Menschen für den anderen einfach keine Zeit, wenn dieser am dringendsten einen Gesprächspartner braucht. Desinteresse am anderen kann zu großen seelischen Schäden für den Abgewiesenen führen. Nehmen Sie sich für den Mitmenschen in Not Zeit; er wird Ihnen das nie vergessen.

Viele menschliche Beziehungen gehen auseinander, weil man sich nicht mehr ausreichend Zeit nimmt, dem Partner zuzuhören. Jeder Mensch verändert sich. Und wenn Sie keine Zeit mehr haben, sich für ihn zu öffnen und zuzuhören, wird er bald ein Fremder für Sie sein.

### 5. Trainieren Sie aktives Zuhören

Viele Menschen haben die Angewohnheit, in Gesprächen nur Zustimmung oder Widerspruch zum Ausdruck zu bringen. Häufige Äußerungen sind zum Beispiel:

- Das ist richtig, oder das ist falsch.
- Das ist gut, oder das ist schlecht.
- Das ist logisch, oder das ist unlogisch.

All diese Urteile sind Wertungen. Aktives Zuhören nimmt aber keine Wertungen vor. Um aktiv zuzuhören, müssen Sie den Worten Ihres Gesprächspartners auch eine Pause von einigen Minuten folgen lassen. Denn nur so vermögen die Worte bis auf den Grund zu fallen. Wenn Sie aktiv zuhören, dann vermitteln Sie dem Mitmenschen das Gefühl: *Ich verstehe, was Sie empfinden.*

Vielleicht wenden Sie ein: *Wenn ich negative Gefühle des Mitmenschen verstehe, bestärke ich ihn nicht noch darin?* Diese Befürchtung ist nicht berechtigt. Wenn Sie die Gefühle Ihres Gesprächspartners verstehen und akzeptieren, dann stimmen Sie ihnen nicht zu. In diesem Kapitel lernen Sie, welche große positive Wirkung sich auf Ihren Gesprächspartner und auf Sie überträgt, wenn Sie sich bemühen, die Gefühle des Mitmenschen zu verstehen.

Enthalten Sie sich also bewertender Äußerungen wie: »Ihre Gefühle sind berechtigt« oder »Ihre Gefühle sind unberechtigt.« Bemühen Sie sich, den Partner zu verstehen. Und sagen Sie ihm: »Ich verstehe, was Sie empfinden.« Das werden Sie fast immer auch können, wenn Sie sich nur darum bemühen.

## 6. Durch Schweigen besser kommunizieren

Mit dem Schweigen ist hier nicht die Verschwiegenheit gemeint in dem Sinne, etwas Anvertrautes nicht preiszugeben. Das Schweigen ist auch nicht das Nicht-mehr-miteinander-Sprechen, weil es ja doch keinen Sinn hat, über ein Thema zu reden, an dem der andere kein Interesse hat. Das Schweigen hat auch nicht seinen Grund darin, einem für beide Seiten als unangenehm empfundenen Thema aus dem Weg zu gehen. Mit dem Schweigen meine ich hier nicht das Verstummen, weil es Ihnen die Sprache verschlagen hat und Sie kein Wort mehr herausbringen.

Das Schweigen, das ich hier meine, dient der Sammlung, das Gehörte und Erlebte zu verarbeiten. Das Schweigen erlaubt es den Worten, bis auf den Grund zu fallen. Ein solches Schweigen schafft eine Stille, an der sich eine Kraft zwischen beiden Menschen entwickelt. Leider wird in der Zeit des Partylärms das Schweigen immer mehr durch ein unaufhörliches Geplapper verdrängt. Die große Bedeutung des Schweigens drückt Max Picard in seinem Buch *Die Welt des Schweigens* aus:

»Ein Bauersmann und eine Bauersfrau am Abend vor dem Hause sitzend, beide in einem langen Schweigen – da fällt ein Wort aus dem Munde des Mannes oder der Frau in das Schweigen. Aber da ist keine Unterbrechung des Schweigens, es ist, als klopfe das Wort nur an, um zu prüfen, ob das Schweigen da sei, dann entfernt es sich wieder... Dieses Schweigen der Bauern bedeutet nicht den Verlust der Worte, im Gegenteil: In diesem Zustand des Schweigens ist der Mensch wieder am Anfang der Zeit, wo er darauf wartet, das Wort aus dem Schweigen zu empfangen.«

Wenn Sie Mitgefühl für den andern aufbringen, dann wird das unter Umständen erst durch Ihr Schweigen ausgedrückt. Wenn Sie den Mitmenschen wirklich verstehen wollen, dann dürfen Sie auch oft nichts sagen. Durch Ihr anteilnehmendes Schweigen sind Sie dem Mitmenschen oft tiefer verbunden als durch viele Worte.

Cicero sagt: *Schweigen ist eine große Kunst. Und im Schweigen kann eine große Beredsamkeit liegen.*

Viele Menschen empfinden ein Schweigen von mehr als 5–10 Sekunden unangenehm, und sie beginnen dann selbst zu sprechen.

Haben Sie also den Mut, Ihr eigenes Schweigen auch gelegentlich länger als 10 Sekunden auszuhalten. Ihre Ausdauer wird belohnt werden, und Ihr Gesprächspartner öffnet sich Ihnen mehr.

Reden Sie also nicht zuviel. Machen Sie sich den Satz »Wie kann ich wissen, was ich denke, bevor ich höre, was ich sage« nicht zu Ihrem Leitspruch. Geben Sie dem Mitmenschen also die Chance, über das zu sprechen, was ihn bewegt. Es hat sich sehr bewährt, den Mitmenschen in der ersten Hälfte des Gesprächs sprechen zu lassen. Die Anwendung der Fragetechnik wird Ihnen dabei helfen.

Als Benjamin Franklin 79 Jahre alt war, schrieb er in seiner Autobiographie: »Als ich erfaßt hatte, daß bei einem Gespräch durch den Gebrauch der Ohren mehr Wissen vermittelt wird als durch die Zunge, räumte ich dem Schweigen unter allen Fähigkeiten, die ich mir zu pflegen vornahm, den zweiten Platz ein.«

### 7. Vermeiden Sie Kommunikationssperren

Wenn Sie den Mitmenschen besser verstehen wollen, dann müssen Sie mehr Toleranz entwickeln. Zugegeben, das ist nicht einfach. Jeder muß sich dabei von Angewohnheiten trennen, mit denen er seiner Kommunikation schadet. Gordon hat auf einige

Kommunikationsgewohnheiten hingewiesen, die dem Gespräch und dem gegenseitigen Verstehen sehr schaden. Zwölf solcher hauptsächlichen Sperren gibt es. Ich zähle sie hier auf und gebe Ihnen dazu einige Beispiele:

Kommunikationssperren:

1. Warnen, drohen, mahnen:
   Wenn Sie das nicht tun ...
   Ich warne Sie, wenn Sie das tun ...
   Das hätten Sie besser nicht getan!

2. Befehlen, anleiten:
   Machen Sie damit Schluß!
   Das können Sie nicht tun!
   Ich erwarte von Ihnen, daß Sie ...
   Sie müssen das machen!

3. Moralisieren, predigen:
   Seien Sie doch höflich.
   Sie sind verpflichtet, das zu tun.
   Solche Gefühle schicken sich nicht.

4. Belehren:
   Richtig wäre, wenn Sie ...
   Versuchen Sie es einmal anders ...
   Das weiß doch jeder, daß ...

5. Unerwünschte Ratschläge geben:
   Sie sollten sich beim nächsten Gespräch mehr zurückhalten ...
   Sie sollten sich darüber im klaren sein ...
   Die Tatsachen erfordern ...

6. Kritisieren, widersprechen, Vorwürfe:
   Sie handeln unbesonnen.
   Sie haben nicht recht.
   Es war dumm, das zu äußern.

7. Schmeicheln (unehrliches Lob):
   Sie sind doch sehr intelligent.
   Nur Sie können das schaffen.

8. Spotten, lächerlich machen:
   Und in Ihrem Alter wissen Sie das noch nicht?
   Na ja, wenn man halt dauernd den Verlobten im Kopf hat, anstatt ...
   Kleine Töpfe kochen leicht über ...

9. Beruhigen:
   Morgen sieht alles ganz anders aus.
   Regen Sie sich doch nicht darüber auf.

10. Analysieren, diagnostizieren:
    Sie tun das, weil Sie neidisch sind.
    Sie kommen nur zum Treffen, um zu zeigen, was Sie können.
    Sie haben Selbstwertprobleme.

11. Verhören, ausforschen:
    Mit wem haben Sie schon darüber gesprochen?
    Was haben Sie sich eigentlich dabei gedacht?
    Weshalb haben Sie so gehandelt?

12. Ablenken:
    Vergessen Sie es.
    Da fällt mir ein ...
    Lassen Sie uns über etwas Angenehmeres reden.

Welche Ihrer eigenen Angewohnheiten sind Ihnen beim Durchgehen der zwölf Verhaltensweisen eingefallen? Von welcher Ihrer Angewohnheiten wollen Sie sich zuerst trennen? Um sich von einer einzigen schädlichen Verhaltensweise zu trennen, müssen Sie wenigstens eine Woche auf Ihr eigenes Verhalten in dieser Hinsicht achtsam sein. Sie erleben dann selbst, unter welchen Umständen Sie besonders zu dem Verhalten neigen. Mit der Zeit wird es Ihnen gelingen, sich davon zu trennen. Erst dann können Sie sich einer weiteren Verhaltensweise widmen.

Wenn Sie sich intensiv mit Ihrem eigenen Verhalten auseinandersetzen, gewinnen Sie mehr Selbsterkenntnis, und Sie können sich besser auf Ihre Mitmenschen einstellen. Sie werden die eigenen Fehler auch beim Gesprächspartner entdecken und mehr Einfühlungsvermögen und Toleranz entwickeln. Mit mehr Selbsterkenntnis gewinnen Sie auch mehr Selbstbewußtsein. Und dann wird eine andere Sicht- und Erlebnisweise des Mitmenschen Sie nicht mehr verunsichern.

## 8. Bemühen Sie sich, Untertöne wahrzunehmen

Vor einiger Zeit rief mich ein Freund an, der in Berlin wohnt. Es handelte sich um eine ganz einfache Angelegenheit, die nach kurzer Zeit besprochen war. Nachdem das Telefongespräch beendet war, wurde mir erst bewußt, daß die Stimme meines Freundes bedrückt gewesen war. Die Bedrücktheit konnte aber nicht mit dem Thema in Verbindung stehen, über das wir uns unterhalten hatten. Ich überlegte eine Weile, ob ich ihn wieder anrufen sollte, um ihm meine Gefühle mitzuteilen. Dann rief ich an. Ich sagte ihm: »Nachdem ich den Hörer aufgelegt hatte, wurde mir bewußt, daß deine Stimme so klang, als ob dich etwas bedrückte.« Er war sehr dankbar dafür, daß ich so aufmerksam gewesen war. Ich hatte den Ton in seiner Stimme richtig gedeutet. Er war tatsächlich verzweifelt. Nun hielt er sich nicht mehr zurück und sprach über das, was ihn bewegte.

Aus vielen Gesprächen mit Menschen weiß ich, daß Menschen oft mit Worten zu verbergen suchen, was sie bewegt. Häufig sind die beiläufig gemachten Bemerkungen oder Körpersprachsignale viel informativer als lange Sätze.

## 9. Eine Frau erzählt, was sie erlebte, als die Tiefe ihres Wesens gehört wurde

»Oft komme ich mir vor wie die Gefangene in einem Gefängnis. Ich klopfe an die Wand und frage: ›Hört mich niemand?‹ Niemand hört mich. Doch eines Tages kommt auf mein Klopfzeichen eine Antwort: ›Ja.‹ Diese Antwort erlöst mich aus meinem Gefängnis. Es macht mich glücklich, wenn mich jemand hört, ohne mich abzuschätzen und zu bewerten. Es tut mir so gut, wenn mir jemand zuhört, ohne über mich zu richten oder mich nach seinen Vorstellungen formen zu wollen. Nach solchen Erfahrungen vermag ich die Welt auf eine ganz neue Art zu sehen. Dinge, die vorher in meinem Leben unlösbar waren, werden lösbar. Es ist, als ob ein trübes Gewässer plötzlich klar wird. Ich erlebe meine Freiheit. Ich werde offen für eine Veränderung. Daher danke ich meinem Mitmenschen dafür, wenn er mir dieses aufmerksame, einfühlsame Zuhören schenkt.«

## 10. Ein Mann beschreibt seine Erfahrungen beim einfühlsamen Zuhören

»Es ist für mich sehr wichtig, einem Menschen sensibel, aktiv und nicht bewertend zuzuhören. Ich habe dabei das Gefühl, innerlich zu wachsen, wenn ich einem Mitmenschen von dieser tiefen Ebene aus zuhöre. Mein Gegenüber erzählt mir von seiner Welt. Es ist für mich so, als ob ich das verborgene Walten des Kosmos in meinem Gegenüber spüre. Ich habe das Empfinden, mit der universellen Quelle der Wahrheit in Kontakt zu stehen. Der dankbare Blick meines Gegenübers berührt mich tief. Ich spüre ein Gefühl der Freiheit, das ich durch mein Zuhören beim anderen bewirke. Einen Mitmenschen auf nicht besitzergreifende Weise zu erleben ist für mich vergleichbar mit dem Gefühl, einen Sonnenuntergang zu erleben.«

Ulrich Schaffer schreibt in seinem Buch *Neues umarmen:*

Von innen heraus
Ich versuche, deine Tür zu öffnen.
Sie klemmt.
Aber ich will dich sehen.
Durch den Spalt höre ich deine Worte.
Sie sind fremd und hart,
verschlüsselt und unnachsprechbar.
Ich bin festgewachsen,
komme nicht von mir los.
Deine Augen haben Schleier.
Der Nebel kommt und geht.

Dann schließe ich meine Augen.
Ich greife in die Luft.
Ich lasse los, was ich von dir weiß.
Ich verlasse mich,

um zu dir zu gelangen,
und ich finde mich schon bei dir vor.
Ich war schon vor mir bei dir.
Durch das Verlassen habe ich mich gefunden.

Alles andere
kann ich lösen,
wenn ich in deinem Herzen bin.
Da werde ich sehend für dich.

In Gesprächen mit vielen Menschen habe ich es oft erlebt: Wenn Sie Ihrem Mitmenschen in seinem Leid richtig zuhören, dann aktivieren Sie seine Kraft, sein eigener Therapeut zu werden.

## 11. Eine Frau erzählt, was sie empfindet, wenn sie nicht verstanden wird

»Wenn ich dem anderen etwas sagen will, das Teil meiner inneren Welt ist, und der andere versteht mein innerstes Wesen nicht, dann fühle ich mich unsagbar frustriert. Wenn ich schon das Risiko auf mich nehme, einem anderen Menschen sehr persönliche Dinge mitzuteilen, und er versteht das nicht, dann habe ich ein sehr bedrückendes Gefühl der Isolation und der Einsamkeit. Ich kann verstehen, daß Menschen so langsam ihre Hoffnung auf Verständnis verlieren. So werden solche enttäuschte Menschen immer wieder auf die eigene Welt der Erfahrungen zurückgeworfen. Sie haben nicht mehr teil an gemeinsamen menschlichen Erfahrungen. Ich kann verstehen, daß Menschen aus solchen Erlebnissen heraus neurotisch werden. Ich vermag mich auch sehr gut in solche Menschen einzufühlen und weiß, wie sie empfinden, wenn ihre ganz persönlichen Äußerungen bewertet oder sogar entstellt werden.«

## 12. Erfassen Sie die Beziehungsebene des Gesprächs

Ein Mann kommt von einer längeren Reise zurück.

Seine Frau fragt: »Wie war die Reise?«

Der Mann ist eigentlich froh, die Geschäftsreise hinter sich zu haben. So erzählt er seiner Gattin nicht gerade mit Begeisterung die Begebenheiten, die er erlebt hat. Die Frau versucht zwar, aufmerksam zuzuhören, sie kann aber ihr Desinteresse an seiner Erzählung nicht verbergen. Der Mann ist wiederum enttäuscht von dem Verhalten der Frau und kritisiert: »Du hörst ja überhaupt nicht richtig zu.«

Sie antwortet: »Ich höre zu, aber du erzählst so viele Belanglosigkeiten.«

Was war der Grund für die Mißstimmung?

Die Frau wählte ein Thema für ein Gespräch, das aber nicht ihrem eigentlichen Interesse entsprach. Das Thema, das die Frau bewegte, war vielmehr: »Was fühlst du mir gegenüber, nachdem du lange fort warst und viele Menschen kennengelernt hast?«

Mit anderen Worten: Das Thema der Frau war ein Scheinthema. In Wirklichkeit ging es der Frau nur darum, über die positiven Gefühle des Mannes ihr gegenüber eine Bestätigung zu erhalten.

Ein weiteres Beispiel:

Eine Malerin fühlte sich unbehaglich, als die Vorbereitung zur Ausstellung ihrer Werke immer umfangreicher wurden. Sie wandte sich an ihren Mann und hoffte auf Verständnis für ihre Situation.

Doch der Mann gab ihr nur Ratschläge und Anweisungen: »Laß dir von der Galerie sagen, was die Ausstellung kosten wird. Bitte deine Malerfreundinnen um Hilfe. Rede mit unserem Steuerberater, was du von der Steuer absetzen kannst.«

Die Malerin fühlte sich von ihrem Mann unverstanden und zurückgewiesen. Sie dachte: Er versteht überhaupt nicht, wie mir zumute ist. Der Mann versuchte, ihr bei der Lösung von Problemen zu helfen. Sie aber erwartete Verständnis und Anteilnahme.

Seien Sie sensibel und erkennen Sie, was der Gesprächspartner von Ihnen erwartet. Leider werden hierbei häufig Fehler gemacht.

Ein Mann sucht einen guten Bekannten auf und spricht mit ihm über ein belangloses Thema. Er wagt nicht, über eine andere Sache zu sprechen, die ihn sehr bewegt. Sein Gegenüber erkennt nicht die Körpersprachsignale, die der Mann sendet, weil er keine Zeit hat und die Angelegenheit schnell erledigen will. Enttäuscht verläßt der Besucher seinen Gesprächspartner. Eine gute Gelegenheit für ein wichtiges Gespräch ist ungenutzt verstrichen.

Viele Gespräche verlaufen leer, weil nicht über das gesprochen wird, was den Menschen bewegt. Achten Sie daher auf Ihren Gesprächspartner. Ermuntern Sie den anderen zum Sprechen, sagen Sie: »Ich schätze die Gespräche mit Ihnen. Möchten Sie sich mit mir noch über ein anderes Thema unterhalten?« Natürlich muß das auch teilnahmsvoll und nicht förmlich klingen. Und Sie dürfen nicht den Eindruck erwecken, für Ihren Besucher keine Zeit mehr zu haben. Wenn Sie sich unter solchen Zeitdruck setzen, werden Sie wohl kaum die versteckten Signale erkennen, die der andere sendet.

Die Entwicklung von privaten Beziehungen wie die zwischen Lebenspartnern, Eltern und Kindern sowie Freunden hängt ganz davon ab, ob Sie über Themen sprechen, die für beide wichtig sind. Zugegeben, Sie müssen nach solchen Themen suchen. Fragen Sie sich: »Was ist mir in der jetzigen Situation mit den anderen wichtig?« Und »Was könnte für den anderen in seiner Beziehung zu mir wichtig sein?«

Wenn Sie nicht diese Fragen stellen und nicht sensibler für

andere werden, dann werden sich Ihre Beziehungen verschlechtern. Bemühen Sie sich also, nicht nur das Thema anzusprechen, an dem Sie Interesse haben, sondern auch das, woran der Gesprächspartner tief interessiert ist.

## 13. Wie erfährt man Unausgesprochenes?

Das intensive Erkennen der Gefühle anderer Menschen durch unbewußte Wahrnehmung von nichtverbalen Signalen ist viel häufiger, als Sie es sich bewußt sind. Allein die Beschäftigung mit der Frage führt bereits dazu, daß Sie sich dieser Fähigkeit besser gewahr werden. Die Elemente, die das intuitive Erkennen des Mitmenschen ermöglichen, sind

- Wahrnehmungen (sinnliche und übersinnliche),
- gespeicherte Daten der Vergangenheit,
- Schlußfolgerungen,
- offene Gefühle.

Jeder der genannten Prozesse baut auf den vorangehenden auf. Wenn einer der Vorgänge unvollständig ist, dann ist auch das intuitive Erkennen unvollständig. Wenn zum Beispiel die Wahrnehmungen des anderen fehlerhaft sind, sind auch die Schlußfolgerungen falsch. Oder wenn aus den Wahrnehmungen falsche Schlußfolgerungen gezogen werden, dann ist auch das intuitive Erfassen des anderen nicht stimmig. Meine vielen Erfahrungen als Seminarleiter und meine Gespräche mit Menschen haben mich zu der Erkenntnis gebracht: Das intuitive Erkennen der Mitmenschen kann trainiert werden. Die Fähigkeit zur Wahrnehmung von nonverbalen Signalen wird durch die Beschäftigung mit der Körpersprache verstärkt. In meinem Buch »Wer ist Dein Freund, wer ist Dein Feind« habe ich neben anderen Methoden der Menschenkenntnis ausführlich die Bedeutung der

Körpersprachesignale dargelegt. In diesem Buch finden Sie eine größere Anzahl von Fotos, mit deren Hilfe Sie die Bedeutung der Körpersprachesignale spielend lernen.

In meinen Seminaren zur Meditation lernen Sie nicht nur, zur Entspannung, Gelassenheit und innerer Geborgenheit zu gelangen. Ihre Fähigkeit zur sinnlichen und übersinnlichen Wahrnehmung wird sehr gesteigert. Schließlich hilft Ihnen die Meditation auch dabai, Ihre Gefühle zuzulassen und wahrzunehmen.

Intuition im zwischenmenschlichen Bereich erfordert Bewußtheit, Offenheit und Stille. Sie brauchen aber auch Geduld und Muße. Eine solche Intuition entwickelt sich auch erst dann, wenn Sie den Mitmenschen so nehmen, wie er ist. Wenn Sie ihn nicht akzeptieren wollen, dann läßt Sie auch Ihre Intuition im Stich. Mehr zu dem Thema in Kapitel 8, Abschnitt 9.

## 14. Stellen Sie sich geschickt auf Minus-Situationen im Gespräch ein

Es gibt manchmal Situationen im Gespräch, an denen Sie nichts ändern können. Vielleicht ist ein guter Bekannter von Ihnen deshalb ein schlechter Zuhörer, weil ihn ein unangenehmes Erlebnis quält, mit dem Sie überhaupt nichts zu tun haben. Oder ein anderer verhält sich Ihnen gegenüber negativ, und Sie möchten den Kontakt am liebsten abbrechen. Machen Sie dann nicht den Fehler, durch emotional überbetonte Reaktionen das Klima zwischen Ihnen weiter zu belasten oder es sogar endgültig zu verderben. Wenn sich die Stimmung Ihres Gesprächspartners Tage später geändert hat, wird er Ihnen gegenüber wieder umgänglicher sein. Seien Sie also einfühlend, und versuchen Sie nicht, eine Minus-Situation mit viel Druck in eine positive zu verwandeln. Sonst würde sich der Minus-Charakter der Situation nur noch vergrößern. Ihr Einfühlungsvermögen und Ihre emotionale Stabilität werden Ihnen helfen, mit solchen Situationen geschickt fertigzuwerden.

## 15. Lassen Sie es nicht zu, daß Ihr Gesprächspartner das Gesicht verliert

Erinnern Sie sich an die betretenen Reaktionen, wenn ein Ehepartner den anderen in Gegenwart eines Dritten kritisiert? Wie fühlt sich ein Kind, das in Gegenwart seines Schulfreundes gescholten wird? Einen anderen Menschen das Gesicht verlieren zu lassen, ist ein sicherer Weg, Freunde zu verlieren. Bringen Sie Verständnis für die mißliche Situation eines Mitmenschen auf, wenn er einmal einen Fehler gemacht hat.

Als ich noch in der Industrie tätig war, erlebte ich, wie ein Direktor einen Abteilungsleiter so demütigte, daß dieser kündigte, ohne einen neuen Job zu haben.

Antoine de Saint-Exupéry schrieb: »Wir haben nicht das Recht, etwas zu sagen oder zu tun, das den anderen in seinen Augen erniedrigt. Wichtig ist nicht, was wir von ihm denken, sondern was er von sich denkt. Einen Menschen in seiner Würde zu verletzen ist ein Verbrechen.«

Von meinem Schäferhund Wanja habe ich schon berichtet. Einen kleinen Teil meiner Freizeit verwende ich zur Zeit darauf, Wanja auf die Schäferhundeprüfung vorzubereiten. Im Moment beherrscht sie schon etwa 70 Prozent der erforderlichen Übungen. Wissen Sie, was das einfache Geheimnis eines solchen Erfolges ist? Sie brauchen viel Geduld und dürfen bei einem Mißerfolg nicht die Selbstbeherrschung verlieren. Jede richtig gemachte Übung, die der Hund schon längst beherrscht, belohne ich mit einem Streicheln. Und überschwenglich mit Lob reagiere ich, wenn der Hund den kleinsten Fortschritt gemacht hat. Die Streicheleinheiten sind meinem Hund wichtiger als die Leckerchen, die er als Belohnung zusätzlich erhält. Wenn ich versuchte, durch Schimpfen und mit Druck beim Hund etwas zu erreichen, bewirkte das gerade das Gegenteil.

Wenn bei der Hundedressur schon nach diesem Erfolgsrezept vorgegangen wird, weshalb machen dann viele Leute den Fehler und lassen den Mitmenschen sogar das Gesicht verlieren?

Gehen Sie mit anderen Menschen behutsam um. Selbst wenn Sie noch so sehr im Recht sind, müssen Sie den anderen nicht bloßstellen. Erkennen Sie das Gute, das im anderen ist. Zeigen Sie Takt und Einfühlungsvermögen. Und lassen Sie den Mitmenschen nicht das Gesicht verlieren.

**Zusammenfassung**

1. Verzichten Sie darauf, einen Gesprächspartner zu unterbrechen und auf die Widersprüche in seinen Ausführungen hinzuweisen.

2. Menschen mit starrem Konzept, die nicht von den Ansichten ihrer Mitmenschen lernen wollen, scheitern.

3. Befreien Sie sich vom Druck, immer recht haben zu wollen.

4. Rechthaberei isoliert. Wer immer recht haben will, hat ein schwaches Selbstwertgefühl.

5. Stellen Sie im Gespräch Fragen, um die Ansichten des Gesprächspartners zu erfahren. Legen Sie nicht fest, was richtig oder was falsch ist.

6. Ihr Gesprächspartner fühlt sich von Ihnen nicht geachtet, wenn Sie ihm nicht zuhören.

7. Hören Sie genau zu. Machen Sie nicht den Fehler, in die Ausführungen Ihres Gesprächspartners das hineinzuprojizieren, was Sie hören wollen.

8. Aktives Zuhören nimmt keine Wertungen vor.

9. Wenn Sie den Mitmenschen verstehen wollen, dann müssen Sie mehr Toleranz entwickeln.

10. Gegenseitiges Verstehen wird verbessert, wenn Sie die 12 Kommunikationssperren vermeiden.

11. Um sich von einer Kommunikationssperre zu trennen, müssen Sie während mindestens einer Woche darauf achten, ob Sie dieses Verhalten praktizieren. Bemühen Sie sich, es zu unterlassen.

12. Sie nehmen einen Mitmenschen dann besonders intensiv wahr, wenn Sie auch auf den Klang seiner Stimme, seiner Mimik und seiner Gestik achten.

13. Wenn Sie einem Mitmenschen auf einer vertieften Ebene begegnen, kann dieser die Welt auf eine neue Art sehen. Er wird offen für eine Veränderung.

14. Hören Sie einem anderen intensiv zu, dann haben Sie das Gefühl, innerlich zu wachsen.

15. Wer sich nicht verstanden fühlt, hat ein Gefühl der Einsamkeit und Verlorenheit.

16. Seien Sie achtsam auf die Beziehungsebene des Gesprächs.

17. Sie ermuntern Mitmenschen zum Sprechen, wenn Sie sagen: »Ich schätze die Gespräche mit dir/Ihnen.«

18. Die positive Entwicklung jeder Beziehung hängt davon ab, ob Sie mit dem anderen über ein Thema sprechen, das ihm wichtig ist.

19. Das tiefe Erleben eines Mitmenschen wird möglich durch sinnliche und übersinnliche Wahrnehmungen, gespeicherte Daten Ihrer Vergangenheit, Schlußfolgerungen und unblockierten Gefühlen.

20. Meditation trainiert Ihre Fähigkeit zur sinnlichen und zur übersinnlichen Wahrnehmung.

21. Bewertung verhindert ein intensives Verstehen.

22. Intuition im zwischenmenschlichen Bereich erfordert Bewußtheit, Offenheit und Stille. Sie brauchen aber auch Geduld und Muße.

23. Entwickeln Sie ein Gespür dafür, ob Sie eine Minus-Situation im Gespräch im Moment akzeptieren müssen.

24. Sie schaffen sich einen Feind, wenn Sie es zulassen, daß Ihr Gegenüber das Gesicht verliert.

# Kapitel 8

# Bringen Sie Ihre Persönlichkeit richtig in das Gespräch ein

## 1. Offenbarungsangst, Imponiergehabe und Fassadentechniken

Wissen Sie, weshalb die meisten Menschen Angst haben, etwas über sich zu sagen? Sie haben Angst vor einer negativen Beurteilung. Und so wagen sie nicht, den Mund aufzumachen. Sie fürchten sich, überhaupt etwas zu sagen.

Der Ursprung einer solchen Angst reicht bis in die frühe Kindheit. Das Kind merkt bald, daß ein Teil seiner Persönlichkeit nicht geschätzt wird, und so versucht es, einen Teil seines Ichs zu verstecken. Es kommt dann zu der Schlußfolgerung: »So unzulänglich, wie ich bin, kann ich mich nicht zeigen.«

Um diesem Dilemma zu entkommen, versuchen viele Erwachsene, sich mit Imponier- und Fassadentechniken aufzuwerten.

Ein Unternehmer erzählte mir über seine Erfahrungen mit dem Imponiergehabe: »Bei einem Urlaub habe ich einen 40jährigen Mann getroffen. Er suchte den Kontakt zu mir. Da er aber ständig das Gespräch darauf brachte, in welchen teuren Hotels er zu übernachten pflegte, zu welchen Gesellschaften er eingeladen sei und was angeblich heute alles ›in‹ sei, ging er mir auf die Nerven. Deshalb habe ich den Kontakt zu ihm abgebrochen.« Solche Imponierbotschaften sind nicht selten. Auf Gesellschaften werden viele solcher Signale gegeben.

Fassadentechniken wiederum sind all jene Techniken, mit denen jemand versucht, das zu verbergen, was er bei sich als negativ empfindet. Das geht sogar so weit, daß viele Menschen Dinge sagen, die sie überhaupt nicht fühlen.

Um aber sich selbst besser zum Ausdruck zu bringen, müssen Sie zunächst intensiv mit sich selbst in Kontakt treten. Natürlich ist es nicht möglich, Gespräche immer nur auf einer vertieften Ebene zu führen. Was empfinden Sie aber gegenüber einem Mitmenschen, der immer nur daherplappert? Will ein anderer/eine andere Sie zum Freund/zur Freundin haben, wenn er/sie spürt, daß das von Ihnen Gesagte nicht aus Ihrem eigenen Erleben, Fühlen und Denken kommt?

Die Fassadenhaftigkeit eines Menschen äußert sich auch in seinem sprachlichen Ausdruck. Ein solcher Mensch benutzt Man-Sätze, um keine persönlichen Aussagen zu machen. Er sagt also: »Man ist der Ansicht...« anstatt »Ich bin der Ansicht...« Er wagt also nicht, über persönliche Erfahrungen zu sprechen.

Das Ausfragen eines Menschen dient einem solchen Frager dazu, über sich selbst nichts zu sagen, aber seinen Gesprächspartner zu möglichst vielen Selbstoffenbarungen zu veranlassen. So versucht der Frager, den anderen in die Hand zu bekommen und ihm gegenüber einen überlegenen Standpunkt einzunehmen. Der Frager denkt überhaupt nicht an eine wirkliche Kommunikation. Er will nur genügend über den anderen erfahren, um ihn dann abzuwerten. Echte Kommunikation ist für ihn nicht möglich. Um Offenbarungsangst und Fassadentechnik zu überwinden, müssen Sie lernen, mit sich selbst in besseren Kontakt zu kommen. Das, was Sie anderen mitteilen, muß aus Ihrem eigenen inneren Erleben kommen. So zeigen Sie Authentizität. Dann ist Ihre Kommunikation mit Mitmenschen echt. *Und nur Echtheit bringt eine Beziehung voran.*

## 2. Nur mit einem intakten Selbstwertgefühl zeigen Sie Persönlichkeit

Wer sich in ein Gespräch positiv einbringt, der verfügt über ein gut entwickeltes Selbstwertgefühl. Wer in der Tiefe seines Wesens davon überzeugt ist, mit ihm/ihr sei wenig los, wird auch ein gestörtes Kommunikationsverhalten aufweisen. Er wird versuchen, seine Minderwertigkeitskomplexe mit einem verstärkten Selbstbewußtsein zu kompensieren.

Sie entwickeln dann Selbstbewußtsein, wenn Sie
- die positiven Seiten an Ihnen bejahen
- nicht das Opfer eines Perfektionsideals werden
- an die Möglichkeiten glauben, die noch in Ihnen sind

Selbstbewußtsein haben Sie nicht, wenn Sie nur wissen, wie Sie sich am besten nach außen darstellen und verkaufen.

Um ein gesundes Selbstbewußtsein zu erlangen, also »Ihrer selbst bewußt zu sein«, brauchen Sie Selbsterkenntnis. Es geht also darum, sich zunächst selbst zu durchschauen und zu offenbaren. Dann vermögen Sie sich auch anderen besser zu offenbaren, bzw. mit ihnen zu kommunizieren. Ihre Persönlichkeit wird durch drei Faktoren bestimmt:

- Ihr inneres Erleben
- Ihr Bewußtsein davon
- Was Sie nach außen mitteilen, das heißt, wie Sie mit anderen kommunizieren

Je mehr alle drei Faktoren in Übereinstimmung sind, um so gereifter ist Ihre Persönlichkeit und um so weniger ist Ihre Kommunikation gestört. Wie wirken Sie auf den Gesprächspartner, wenn Sie die Stimmigkeit in den drei Bereichen erlangt haben? Er empfindet Sie als Persönlichkeit. Sie sind für ihn echt, und sein Mißtrauen wird abgebaut. Sein Interesse ist erweckt.

Zur Persönlichkeit gehört es auch, manchmal ein unangenehmes Gefühl zum Ausdruck zu bringen. Dazu ein Beispiel:

Nehmen wir einmal an, Sie ärgern sich mehrmals über einen anderen Menschen. Sie verdrängen den Ärger ins Unterbewußtsein und sagen Ihrem Gesprächspartner nichts davon. Unerwartet bricht die Verdrängung im Gespräch wie eine Explosion hervor, das Verhältnis zum Gesprächspartner wird gestört. Hätten Sie Ihrem Gesprächspartner gleich gesagt, was Sie als unangenehm empfinden, dann wäre der negative Prozeß vermieden worden. Die Kommunikation leidet also erheblich darunter, wenn Sie sich nach außen anders geben, als Sie sich fühlen.

## 3. Wie offen sollen Sie sein?

Um eine Persönlichkeit zu sein, müssen Sie also viel Echtheit und Offenheit und wenig Fassaden zeigen.

Doch wie offen sollen Sie sein?

Bild 1 zeigt die beiden Extreme im Verhalten. Extrem I wird charakterisiert durch das Fehlen jeglicher Offenheit. Es gibt nur Schweigen, keine Äußerung von Gefühlen oder Heuchelei. Extrem II wird gekennzeichnet durch die vollkommene Offenheit und die Äußerung aller Gefühle.

*Bild 1*

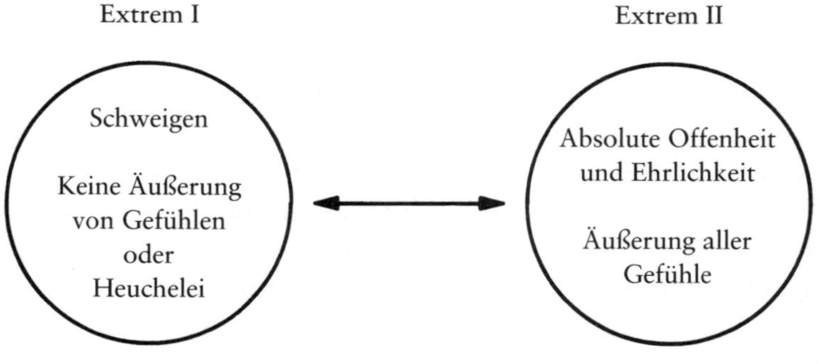


Extreme im Verhalten dem Mitmenschen gegenüber

Wäre nun aber die vollkommene Offenheit in jeder Situation und gegenüber jedem das erstrebenswerte Verhalten? Das Extrem der totalen Offenheit könnte zu dem Grundsatz führen: »Bringen Sie alles das raus, was in Ihnen ist. Was der andere dann damit macht, das ist seine Sache.«

Es gibt Menschen, die meinen, alles müsse sich nach ihnen richten. Solche Menschen sagen Ihnen schon, wenn ihnen der Sitz Ihrer Krawatte nicht gefällt. Sie beginnen zwar einen Satz damit: »Um ganz offen zu sein« und sagen Ihnen dann mit brutaler Offenheit die verletzendsten Dinge. Offenheit ist für solche Menschen nur ein Deckmantel, um dem eigenen destruktiven Verhalten freien Lauf zu lassen.

Gott sei Dank sind die meisten Menschen zu Anfang mit Rücksicht auf andere zurückhaltend. Offenheit ist etwas, das sich zwischen zwei Menschen erst langsam entwickelt.

Ich bin der Meinung, daß es selbst in der besten Beziehung Bereiche geben kann, die für den andern/die andere verschlossen sind. Stellen Sie sich auch einmal vor, wohin es führt, wenn zwei Freunde oder Partner immer rücksichtslos äußern, was sie denken. Zu Zeiten des Zorns und der Enttäuschung werden Dinge gesagt, die die Beziehung zerstören. Das nachträgliche Bedauern hilft dann nicht mehr. Totale Offenheit und Ehrlichkeit zu jeder Zeit ist nicht zu ertragen und auch nicht wünschenswert. Totale Verschwiegenheit und Heuchelei ist genauso ein Extrem wie das der absoluten Ehrlichkeit.

Ein Mann wollte die totale Offenheit in seiner Ehe praktizieren. Um das Ziel zu erreichen, ließ er alle Innenwände des Hauses aus Glas machen. Seine Frau fand diesen Zustand unerträglich. Sie konnte es wenigstens erreichen, daß die Wände und die Tür der Toilette durch Holz ersetzt wurden. Die Toilette wurde der beliebteste Aufenthaltsort der Frau. Wenn totale Offenheit also nicht das Ideal ist, führt es dann nicht wieder dazu, in ein unoffenes und unehrliches Verhalten zurückzufallen? Das ist keineswegs der Fall.

Zur echten Persönlichkeit gehört, daß Sie sich Ihrer Gefühle, Wünsche, innerer Antriebe und Gedanken bewußt werden. Sie entscheiden aber selbst, was Sie davon nach außen bringen. Mit anderen Worten: Ihre Gefühle sind zwar da, um gefühlt zu werden, Sie entscheiden mit Ihrem Verstand und Einfühlungsvermögen jedoch selbst, was Sie davon zum Ausdruck bringen. Sie sagen zwar nicht alles, was Sie empfinden. Doch was Sie sagen, das ist echt. Ich finde es sehr hilfreich, zwischen optimaler und absoluter Offenheit zu unterscheiden. Absolute Offenheit und Ehrlichkeit haben Sie gegenüber sich selbst. Was Sie davon nach außen bringen, das bestimmen Sie in jeder einzelnen Situation selbst. Ihre Rücksichtnahme, Ihr Einfühlungsvermögen und Ihr Verstand helfen Ihnen, die optimale Offenheit zu finden. Sie sollen zwar jedes Ihrer Gefühle wahrnehmen; es wäre aber falsch, jedem Gefühl zu folgen. Welche Gefühle Sie mit Worten und Taten zum Ausdruck bringen, das entscheiden Sie, Sie allein.

## 4. Einfühlungsvermögen und Persönlichkeit

Einfühlungsvermögen und intuitives Erkennen des Mitmenschen erfordern, sich ganz in den anderen hineinversetzen zu können. Sie müssen in sich selbst fühlen, was er fühlt. Indem Sie das tun, überschreiten Sie die Grenze zum anderen. Dennoch müssen Sie dabei Sie selbst bleiben.

Ein einfaches Beispiel: Mitfühlende Eltern verstehen zwar das Bedürfnis des Kindes zu spielen. Sie werden es aber auch dazu bringen zu lernen. Was gilt es beim Einfühlungsvermögen noch zu beachten? Wenn Sie nur an sich selbst denken und Ihre eigenen Gefühle im Vordergrund sind, dann können Sie nicht einfühlend sein.

Erschließen Sie also mit Ihrem Einfühlungsvermögen die private Wahrnehmungslust des anderen. Schieben Sie Vorurteile und Wertungen beiseite, und verweilen Sie in der Welt des Mitmenschen. Verstehen Sie den anderen. Ein solches Verstehen muß immer dann im Vordergrund stehen, wenn die Partnerin oder der Partner verletzt, verwirrt, verängstigt ist oder an sich zweifelt.

Lassen Sie aber auch in anderen Situationen Ihren Gesprächspartner wissen, wo Sie gefühlsmäßig stehen und was Ihre Bedürfnisse sind. Eine solche Behauptung eigener Interessen kann im Augenblick auf den anderen unangenehm wirken. Sie gehört aber zum zwischenmenschlichen Zusammenleben ebenso wie das Einfühlungsvermögen. Sie zeigen Ausgewogenheit, wenn Sie sich sowohl am Ich als auch am Du orientieren. Bild 2 veran-

*Bild 2*

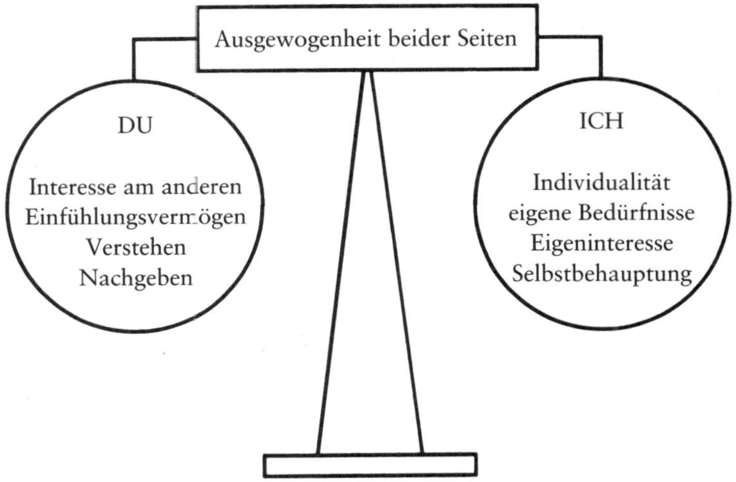


Ausgewogenheit in den Polaritäten Ich und Du

schaulicht den Sachverhalt. Wenn Ihr Interesse am Ich und am Du gleich stark sind, dann ist die Waage im Gleichgewicht, dann herrscht Ausgewogenheit nach beiden Seiten.

Sprechen Sie über Ihre eigenen Bedürfnisse und Gefühle ebenso wie über die des Mitmenschen. Lassen Sie Ihre eigenen Gefühle zu, dann entwickeln Sie mehr Einfühlungsvermögen und werden den anderen auch besser akzeptieren und verstehen.

## 5. Verbale und gefühlsmäßige Äußerungen müssen stimmig sein

Können Sie sich dem anderen gegenüber auch so mitteilen, wie Sie es wollen? Die Entwicklung einer Beziehung hängt ganz entscheidend davon ab.

Nehmen wir einmal an, jemand bittet Sie um etwas. Mit Ihren Körpersprachesignalen, also mit Ihren Gefühlen, zeigen Sie Ablehnung. Verbal, also mit Ihren Worten, stellen Sie die Erfüllung der Bitte in Aussicht. Welcher Prozeß läuft bei Ihrem Gegenüber ab?

Bild 3 zeigt Ihnen den Ablauf einer solchen Beziehungsstörung.

Ein solcher Prozeß ist meistens den Beteiligten nicht bewußt, er führt aber zu einer Beziehungsstörung. Die Beziehung kann sich nur dann gut entwickeln, wenn Ihr Verhalten mit Ihren Gefühlen übereinstimmt. Es ist also notwendig, sich seiner eigenen Gefühle bewußt zu werden. Erst dann vermögen Sie Stimmigkeit zwischen Gefühlen und verbalen Äußerungen zu erreichen. Viele Menschen unterlassen aber bewußt direkte Äußerungen über sich selbst.

Du-Botschaften sind eine weit verbreitete Technik, gefühlsmäßige Ich-Aussagen zu vermeiden. Die Du-Botschaft besteht

*Bild 3*

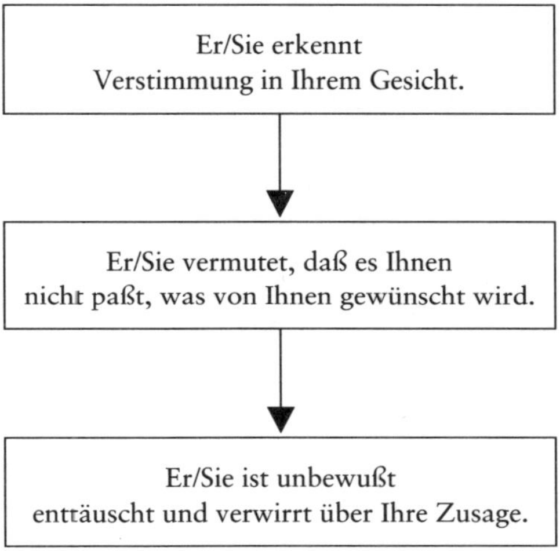


Beziehungsstörung

darin, das eigene innere Erleben als eine Aussage über den anderen zu bringen.

Dazu ein Beispiel einer Du-Botschaft:

»Mußt du mich immer unterbrechen? Du solltest einmal ein Rhetorik-Seminar besuchen.«

Die Ich-Botschaft, die umgangen wird, ist:

»Ich bin sehr ärgerlich, wenn ich unterbrochen werde. Ich fühle mich von dir herabgesetzt. Das, was ich dir zu erzählen habe, liegt mir sehr am Herzen.«

Auf die zwölf Kommunikationssperren, die den Beziehungen sehr schaden, wurde schon hingewiesen. Die Art und Weise, wie Sie mit anderen umgehen, hängt auch von Ihrem Selbstwertgefühl ab. Wer unter Minderwertigkeitsgefühlen leidet, tendiert dazu, mit anderen überheblich umzugehen und sie bevormunden zu wollen.

Es gibt Menschen, die haben sich ein oberflächlich verständnisvolles und wertschätzendes Verhalten antrainiert, was Sie mit nur etwas Beobachtungsgabe als unecht empfinden. Natürlich ist es möglich, positive Gefühle gegenüber den Mitmenschen aufzubauen. Ich habe darauf in meinem Buch »Menschen erkennen, durchschauen, verstehen« hingewiesen. Hier spielt dann auch die Entwicklung einer neuen inneren Einstellung eine Rolle. Eine solche innere Einstellung vermögen Sie sich aber nicht einfach so schnell überzuziehen wie einen Mantel. Es lohnt sich jedoch sehr, eine solche innere Einstellung aufzubauen.

## 6. Seien Sie eine dynamische Persönlichkeit

Die Reaktion vieler Menschen auf das Leben und die Umwelt ist mechanisch und starr geworden. Sie stehen nicht mehr mit der Natur, den Mitmenschen und ihrem eigenen Selbst in Beziehung. Das Ich unterdrückt die Wahrnehmung vieler subtiler Bereiche des Bewußtseins. Dieser Zustand ist mit einem Picknick des Menschen neben einer Autobahn vergleichbar. Die lauten Geräusche des Verkehrs übertönen die leisen Stimmen der Vögel, der Insekten und des Windes. So hat sich das Ich vom Selbst und von tieferliegenden Ordnungen des Bewußtseins abgespalten. Das Ich hat sich eingegrenzt und vermag nur noch aus einer begrenzten Position heraus wirksam zu werden, weil es sich von den großen Möglichkeiten des Bewußtseins abgeschnitten hat.

Kein Bereich des Bewußtseins ist aber dem Gewahrsein verschlossen. Wenn Sie Musik hören, ein Bild betrachten, ein Naturerlebnis haben oder einen Menschen verstehen und zu ihm eine neue Beziehung eingehen, dann geraten Sie mit etwas in Kontakt, das außerhalb des Ichs liegt. Dann scheinen die fixierten Ordnungen für kurze Zeit aufgelöst zu werden, und die Wahrnehmung wird viel ausgeprägter. In solchen Erlebnissen kann die Wahrnehmung den ganzen Bereich des Bewußtseins erfassen und eine heilende Wirkung auf den Menschen ausüben, weil die innere Zerrissenheit überwunden wird.

Wenn sich die Achtsamkeit derart ausdehnt, wird ein tiefes Identitätsgefühl ausgelöst. Zu solchen Erlebnissen der vibrierenden Stille können Sie im Schweigen oder in der Meditation gelangen. Die Erfahrung wird als Leere und als Fülle beschrieben. Leer ist sie deshalb, weil das Denken zur Ruhe kommt und Sie das Gefühl haben, von Fixierungen befreit zu sein. In dieser Stille durchströmt Sie eine ganz neue Energie. Sie sind hellwach und voller Aufmerksamkeit. In dieser Stille sind Wahrnehmungen, Selbst und Ich nicht länger getrennt. Sie erreichen einen Zustand großer Sensibilität und Aktivität. Das Loslassen von starren und festen Formen läßt Sie in neue und unbekannte Bereiche Ihrer Persönlichkeit wachsen. Ulrich Schaffer formuliert das sehr schön mit den Worten:

*Ich will mich der Veränderung nicht entziehen.*
*Ich will loslassen,*
*um wieder Neues umarmen zu können.*
*Und auch das will ich wieder loslassen,*
*in ständiger Entwicklung auf meinen Ursprung zu,*
*auf die Vollkommenheit, aus der ich komme*
*und zu der ich gehe.*

## 7. Entwickeln Sie Geduld

Das Märchen *Der kleine Prinz* von Antoine de Saint-Exupéry ist ein philosophisches und metaphysisches Märchen voller Gleichnisse. Die Begegnung zwischen dem kleinen Prinzen und dem

Fuchs bringt das tiefe Geheimnis der unverwechselbaren Beziehung zwischen zwei Menschen zum Ausdruck. In dem Märchen kommt es zu einem Zwiegespräch zwischen dem Fuchs und dem kleinen Prinzen:

Der Fuchs verstummte und schaute den kleinen Prinzen lange an: »Bitte... zähme mich!« sagte er.

»Ich möchte wohl«, antwortete der kleine Prinz.

»Aber ich habe nicht viel Zeit. Ich muß Freunde finden und viele Dinge kennenlernen.«

»Man kennt nur die Dinge, die man zähmt«, sagte der Fuchs.

»Die Menschen haben keine Zeit mehr, irgend etwas kennenzulernen, sie kaufen sich alles fertig in den Geschäften. Aber da es keine Kaufläden für Freunde gibt, haben die Leute keine Freunde mehr. Wenn du einen Freund willst, so zähme mich.«

»Was muß ich da tun?« sagte der kleine Prinz.

»Du mußt sehr geduldig sein«, antwortete der Fuchs.

»Du setzt dich zuerst ein wenig abseits von mir ins Gras. Ich werde dich so verstohlen, so aus den Augenwinkeln anschauen, und du wirst nichts sagen. Die Sprache ist die Quelle der Mißverständnisse. Aber jeden Tag wirst du dich ein bißchen näher setzen können...«

Am nächsten Morgen kam der kleine Prinz zurück.

Nehmen auch Sie sich wie der kleine Prinz mehr Zeit und Geduld für Ihre Mitmenschen. Und Sie werden Freunde gewinnen.

## 8. Sie sehen nur mit dem Herzen gut

»Man sieht nur mit dem Herzen gut. Das Wesentliche ist für die Augen unsichtbar«, ist eine metaphysische Wahrheit, die im Märchen vom kleinen Prinzen vermittelt wird. In dem Märchen findet der kleine Prinz eine Rose. Da er noch nie vorher eine

Rose sah, ist sie für ihn etwas unsagbar Einmaliges. Seine Einstellung ändert sich, als er später noch viele andere Rosen entdeckt. Doch sein Erlebnis mit dem Fuchs bescherte ihm wieder ganz neue Einsichten. Die Geschichte bringt sie so zu Ausdruck:
Der kleine Prinz ging, die Rosen wiederzusehen:
»Ihr gleicht meiner Rose gar nicht, ihr seid noch nichts«, sagte er zu ihnen. »Niemand hat sich euch vertraut gemacht, und auch ihr habt euch niemandem vertraut gemacht. Ihr seid, wie mein Fuchs war. Der war nichts als ein Fuchs wie hunderttausend andere. Aber ich habe ihn zu meinem Freund gemacht, und jetzt ist er einzig in der Welt.«
Und die Rosen waren sehr beschämt.
»Ihr seid schön, aber ihr seid leer«, sagte er noch. »Man kann für euch nicht sterben. Gewiß, ein Irgendwer, der vorübergeht, könnte glauben, meine Rose ähnele Euch. Aber in sich selbst ist sie wichtiger als ihr alle, da sie es ist, die ich begossen habe ...
Und er kam zum Fuchs zurück:
»Adieu«, sagte der Fuchs. »Hier ist mein Geheimnis. Es ist ganz einfach: Man sieht nur mit dem Herzen gut. Das Wesentliche ist für die Augen unsichtbar.«
»Das Wesentliche ist für die Augen unsichtbar«, wiederholte der kleine Prinz, um es sich zu merken.
»Die Zeit, die du für deine Rose verloren hast, sie macht deine Rose so wichtig.«
»Die Zeit, die ich für meine Rose verloren habe ...« sagte der kleine Prinz, um es sich zu merken.
»Die Menschen haben diese Wahrheit vergessen«, sagte der Fuchs, »aber du darfst sie nicht vergessen. Du bist zeitlebens für das verantwortlich, was du dir vertraut gemacht hast. Du bist für deine Rose verantwortlich ...«

## 9. So erleben Sie den Mitmenschen von einer vertieften Bewußtseinsebene

Sie gelangen nur zum Mitmenschen, wenn Sie sich zu ihm gleichsam hinfühlen. Dazu müssen Sie das Fühlen und das Empfinden wie Schritte zum anderen üben. Sie müssen den Mitmenschen mit einem liebenden Auge sehen. Eine solche Sensibilität und Zärtlichkeit dem Mitmenschen gegenüber ist das Gegenteil von Grobheit und Oberflächlichkeit. Sie wenden sich dem Mitmenschen mit einer ganz besonderen Wahrnehmung zu. Eine solche Wahrnehmung ist Zuwendung und Werbung. Sie lockt den Gesprächspartner aus sich heraus, nimmt ihn an, wie er ist, manipuliert nicht und setzt ihn nicht unter Druck.

Leider kennen viele Menschen nur sehr wenige Gefühle. Und so ist das Erleben sehr begrenzt. Es gibt für sie nur das Gefühl des Ärgers, der Sexualität, der Enttäuschung und des Verliebtseins. Wenn Sie Sensibilität entwickeln, so werden Sie zu einer großen Anzahl von Gefühlen fähig. Sie werden ganz neue Gefühle erfahren. Und Sie können viel mehr fühlen, als Sie bisher meinten.

Mit Zartheit und Empfindsamkeit können Sie sich an den anderen heranwagen. Sie lassen den Gedanken und Empfindungen des Mitmenschen ihre Freiheit und haben Respekt vor ihnen. Sie erleben den Mitmenschen als einmaliges Wesen, wie er in der Welt mit seiner eigenen Art des Seins ist. Sie entwickeln eine Bewußtseinslage, die durch Sanftmut und große Behutsamkeit gekennzeichnet ist. Sie tasten sich sehr vorsichtig an die andere/den andern an. Es ist gleichsam ein vorsichtiges Berühren. Lassen Sie beim Mitmenschen das zum Ausdruck kommen, was zum Ausdruck kommen will. Sie sind dann in einem Zustand der Sensibilität, in dem das Ungesagte, aber Empfundene, mehr aussagt als noch so viele Worte. Das Wort ist nur ein Symbol, nie die Erfahrung selbst. Das Erleben des Mitmenschen vermittelt Ihnen mehr, als sich hinter Worten verbirgt. Mit Ihrer ungeteilten

Zuwendung überspringen Sie die Begrenzungen der Sprache und erfahren direkt. In solchen Momenten des Erlebens geben das Schweigen und die Stille viel tiefere Offenbarungen als noch so viele Worte.

Lassen Sie daher gelegentlich die Worte los, und schaffen Sie mit Schweigen ein tiefes Verstehen. Sie erfahren Gefühle, die Ihnen vielleicht bisher unbekannt waren. Miteinander zu reden reicht oft nicht aus, um sich noch besser zu verstehen. Ohne den Wunsch, am Mitmenschen Neues zu entdecken und Unberührtes am anderen sorgsam anzunehmen, werden Sie sich im Leben langweilen und innerlich absterben.

Häufig ist die Kommunikation mit dem Mitmenschen oberflächlich, und nur zu oft wird er mit seiner Meinung verwechselt. Und dann wird er für Sie bald uninteressant, da Sie seine Meinung kennen. Vieles bleibt aber ungesagt. Der Mitmensch ist aber wesentlich differenzierter als die wenigen Meinungen, die Sie von ihm wissen, zum Ausdruck bringen. Sein Reichtum liegt in der Tiefe, die Sie nicht so leicht erreichen können, und die auch nicht mit simplen Meinungen ausgedrückt werden kann. Wo sich der andere mit seiner ganzen Haltung dem Leben gegenüber mit seinen Fragen, Nöten und Unklarheiten einbringt, offenbart er seinen inneren Reichtum. Dann steht der Mitmensch in seiner ganzen Vielschichtigkeit vor Ihnen. Und dann gilt es immer Neues zu entdecken. Wenn Sie den Mitmenschen so erfahren, dann erleben Sie ihn intensiver und reicher.

In solchen Erlebnissen entdecken Sie nicht nur mit engagierten Sinnen die Tiefe des oder der anderen. Sie entdecken auch einen großen Reichtum in Ihnen selbst. Mit der Steigerung Ihrer Sensibilität öffnen Sie sich nicht nur einem Menschen, sondern auch der ganzen Umwelt.

Ernesto Cardenal schreibt in *Das Buch von der Liebe:* »Alle Dinge sind seltsam und geheimnisvoll, und wenn wir ihre Seltsamkeit und ihr Geheimnis vergessen, liegt es nur daran, daß wir uns an sie gewöhnt haben.« Die Gewöhnung macht blind und behindert das Sehen. Erst wenn Sie wieder zu staunen beginnen, leben Sie.

Verfallen Sie nicht in Versteinerung. Öffnen Sie sich. Staunen Sie. Reduzieren Sie die Fülle des Lebens auch nicht dadurch, daß Sie alles Bunte in Schwarz-Weiß-Gegensätze einteilen. Erkennen Sie die Begrenzungen der Logik und des Intellektes. Erweitern Sie Ihre Wahrnehmungsweisen. Öffnen Sie Ihr Gefühl, Ihre Intuition und Ihr Ahnen.

Bei solchen Erlebnissen machen Sie auch Erfahrungen von etwas, das über Sie selbst und über individuelle Begrenzungen hinaus auf Erfahrungen zu einem größeren Sein weist.

### Zusammenfassung

1. Viele Menschen sagen deshalb nichts, weil sie eine negative Beurteilung fürchten.

2. Fassadentechniken dienen dazu, negative Seiten des Ichs zu verbergen. Mit Imponiertechniken versuchen Menschen, anderen etwas vorzumachen.

3. Ausfragen hat mit einem echten Interesse am Mitmenschen nichts zu tun. Der Ausfrager will seinem Gesprächspartner gegenüber nur Überlegenheit aufbauen.

4. Kommen Sie mit sich selbst in Berührung, und teilen Sie dem Mitmenschen mit, was aus Ihrem eigenen Erleben kommt.

5. Mit solcher Authenzität schaffen Sie echte Beziehungen.

6. Sie entwickeln Selbstbewußtsein, wenn Sie die positiven Seiten an sich bejahen, nicht das Opfer eines Perfektionsideals werden und an die Möglichkeiten in Ihnen glauben.

7. Wenn Ihr inneres Erleben, Ihr Bewußtsein davon und das, was Sie im Gespräch mitteilen, in Übereinstimmung stehen, dann entwickelt sich echte Kommunikation.

8. Absolute Offenheit und Ehrlichkeit können sie nur gegenüber sich selbst haben.

9. Absolute Offenheit und Ehrlichkeit sind auf Dauer in Beziehungen verletzend.

10. Ihre Gefühle sind da, um von Ihnen gefühlt zu werden. Sie müssen aber nicht jedes Gefühl zum Ausdruck bringen.

11. Sie entscheiden mit Ihrem Einfühlungsvermögen und Verstand vor dem Hintergrund der jeweiligen Situation, wie viele Ihrer Gefühle Sie offenbaren.

12. *Optimale* Offenheit ist für die Entwicklung der Beziehungen vorteilhafter als die *absolute*.

13. Die Behauptung eigener Interessen gehört ebenso zum zwischenmenschlichen Zusammenleben wie das Einfühlungsvermögen.

14. Trotz Einfühlung dürfen Sie nicht in Abhängigkeit zum anderen geraten.

15. Teilen Sie sich dem/der anderen so mit, daß der/die andere auch das versteht und fühlt, was Sie ihm/ihr sagen wollen.

16. Mit Du-Botschaften werden gefühlsmäßige Ich-Aussagen vermieden.

17. Ein oberflächlich positives Verhalten gegenüber Mitmenschen wird bald als unecht erkannt.

18. Das Ich unterdrückt die Wahrnehmung vieler subtiler Bereiche des Bewußtseins.

19. Hat sich das Ich von den tiefen Ordnungen des Bewußtseins abgespalten, begrenzt es sich.

20. Wenn sich Ihre Wahrnehmung ausweitet, dann lösen sich die fixierten Ordnungen für kurze Zeit auf.

21. Sie sind für das verantwortlich, was Sie sich vertraut gemacht haben.

22. Nähern Sie sich dem Mitmenschen mit Sensibilität und Aufmerksamkeit.

23. Haben Sie Achtung vor den Gedanken und Empfindungen des Mitmenschen.

24. Sensibilität ist, den Mitmenschen so zu berühren, als berührten Sie ihn nicht.

25. Der Mitmensch ist sehr differenziert. Er stellt mehr dar als die wenigen Meinungen, die Sie von ihm kennen.

26. Entdecken Sie Neues am Mitmenschen.

# Kapitel 9

# Was erhält Ihre Beziehungen?

## 1. Jede Beziehung muß gepflegt werden

Die meisten Menschen sind von dem Virus »keine Zeit haben« befallen. Obwohl wegen der Verkürzung der Arbeitszeiten jeder viel Freizeit hat, werden die zwischenmenschlichen Beziehungen immer mehr vernachlässigt.

Sie können heute Flug- und Telefonverbindungen in die entferntesten Teile unserer Erde bekommen. Und es bereitet keine Schwierigkeiten, mit dem Intercity von Hamburg nach München zu fahren. Eine *menschliche* Verbindung ist aber schwer zu bekommen.

Nicht wenige Menschen gehen deshalb zum Arzt, weil er sich (hoffentlich) Zeit für seine Patienten nimmt. Die Krankheit, keine Zeit füreinander zu haben, ist in einigen anderen Kulturen nicht zu finden. Auf meinen Reisen zum Beispiel nach Asien und Südamerika waren immer meine schönsten Erlebnisse die Beziehungen, die sich zu anderen Menschen entwickelten. Das war aber nur deshalb möglich, weil man sich die Zeit füreinander nahm.

In unserem Kulturkreis sind wegen angeblichen Zeitmangels sogar die Kontakte innerhalb der Familie geschrumpft. Erst neulich sagte mir ein 35jähriger junger Mann: »Ich habe es sehr vermißt, daß sich mein Vater nicht mehr Zeit für mich genommen hat.« Und ein 50jähriger Unternehmer äußerte sich: »Ich habe nur 5 Prozent Freizeit. Und diese Zeit widme ich allein meiner Frau.«

Machen Sie also nicht den Fehler, Ihre Zeit mit ständiger Hast zu verausgaben. Zu Ihren tiefsten Bedürfnissen zählt der Wunsch, mit anderen zu sprechen. Nehmen Sie sich die Zeit für menschliche Kontakte. Reservieren Sie sich diese in Ihrem Terminkalender. Ohne das gegenseitige Geschenk der Zeit sterben menschliche Beziehungen und Freundschaften.

## 2. Wie Sie Freundschaften pflegen

Bereits im letzten Kapitel wurde ausführlich ausgeführt, wie notwendig es ist, den Mitmenschen Aufmerksamkeit zu schenken. Aufmerksamkeit beim Zuhören ist mehr, als das Wort zum einen Ohr hinein- und zum anderen wieder hinausgehen zu lassen.

Zum Umgang mit anderen gehört es auch, ihnen immer Ihre Achtung zu zeigen. Wie notwendig Toleranz den Ansichten Ihres Mitmenschen gegenüber ist, wissen Sie schon.

Eine alte Volksweisheit sagt: *Kleine Geschenke erhalten die Freundschaft.* In meinem Haus stehen viele kleine Geschenke, die ich von guten Bekannten oder Freunden erhalten habe. Gerade die kleinen Geschenke, die sehr sorgfältig ausgesucht werden, zeigen deutlich, wie viel Mühe und Überlegungen sich der Schenker gemacht hat. Entscheidend ist nicht der materielle Wert der Geschenke, sondern die Tatsache, daß Menschen an mich gedacht haben. Die Geschenke bringen mir die Erlebnisse mit anderen wieder in Erinnerung. Natürlich dient ein Geschenk nicht dazu, sich das Wohlwollen oder die Freundschaft des anderen Menschen zu erkaufen. Und ebenso ist es nicht Zweck einer guten Beziehung, vom anderen ein Geschenk zu erwarten. Der jüdische Witz amüsiert sich über eine solche Grundhaltung:

> Ein Mann beschreibt seinem Freund, wie er zu seiner neuen Wohnung findet.
> Dann sagt er: »Die Tür ist angelehnt. Du brauchst sie nur mit dem Fuße aufzustoßen.«
> »Wieso mit dem Fuß aufstoßen?« will der Freund wissen. Der andere antwortet: »Die Hände wirst du hoffentlich nicht frei haben.«

Nicht der materielle Wert des Geschenkes ist in einer guten Beziehung entscheidend. Entscheidend ist: Das Geschenk muß auf die Originalität des Empfängers abgestimmt sein. Der andere soll das Gefühl haben, daß Sie sich um ihn Gedanken gemacht haben und ihm eine Freude bereiten wollen.

Solche Geschenke werden also nicht unter dem Gesichtspunkt gemacht: »Ich gebe dir etwas, damit du mir etwas gibst.« Geschenke sind Andenken an Begegnungen mit Menschen. Daher ist es auch verständlich, wie schmerzlich es ist, wenn solche Geschenke abhanden kommen.

In Japan haben Geschenke im Umgang mit Menschen eine viel größere Bedeutung als in unserem Kulturkreis. Die Geschenke symbolisieren sogar Beziehungsstufen. Wer ein Geschenk zurückweist, würde eine Beziehung entscheidend stören.

Neben dem Geschenk gibt es noch andere Aufmerksamkeiten, um eine Beziehung zu pflegen. Das kann ein Telefonanruf sein, der dazu dient, wieder einmal etwas von sich hören zu lassen und um Anteil an des andern Problemen zu nehmen.

Auch mit einer Ansichtskarte aus dem Urlaub können Sie Freude machen. Sie zeigen damit, daß Sie Ihre Bekannten oder den Freund auch in den Ferien nicht vergessen haben. Eine andere Aufmerksamkeit ist, die Freundin oder den Freund zu einem Bier oder zu einem Essen bei sich zu Hause einzuladen.

### 3. Verschwiegenheit

Der Verschwiegenheit kommt eine entscheidende Bedeutung in einer Beziehung zu. Wohin würde es wohl führen, wenn jemand all die Informationen, die er erhält, ausplauderte? Die Beziehung würde sehr schnell zerstört sein. Mit Ihrer Verschwiegenheit schützen Sie den Intimraum des Mitmenschen.

Indiskretionen werden zu Recht von vielen Menschen als sehr unangenehm empfunden, und so manche Beziehung ist daran gescheitert. Häufig werden Indiskretionen deshalb begangen, um mit den eigenen Freunden anzugeben. Mit lauter Geschwätzigkeit erzählen manche Menschen, was sie bei diesem oder jenem zu Hause gesehen oder erlebt haben. Und die Privatsphäre des anderen wird offengelegt. Doch selbst das Ausplaudern von Kleinigkeiten und Harmlosigkeiten wird als indiskret empfunden. Oder wären Sie bereit, solchen Menschen etwas über sich selbst anzuvertrauen?

Die Verschwiegenheit ist eine Tugend. Die Verschwiegenheit ist notwendig, um eine Beziehung und eine Freundschaft zu erhalten. Über alles, was Ihnen anvertraut wird, müssen Sie Verschwiegenheit bewahren. Das gilt selbst für solche Dinge, deren Bekanntwerden für den anderen noch nicht nachteilig wäre. Allein die Tatsache der Weitergabe von erhaltenen Informationen läßt das Vertrauen zerbrechen. Zeigen Sie also die Tugend der Verschwiegenheit. Vermeiden Sie Indiskretionen. Ziehen Sie die private Sphäre der Freunde nicht in die Öffentlichkeit.

## 4. Zu enger Kontakt schadet

Wenn Sie einen Freund/eine Freundin gefunden haben, entwikkeln Sie auch das Bedürfnis, viele Dinge mit ihm/ihr gemeinsam zu tun. Dahinter verbirgt sich aber auch eine Gefahr. Obwohl viele Freundschaften durch zuwenig Zeit füreinander zerstört werden, gibt es aber auch Freundschaften, die durch zu engen Kontakt in die Brüche gehen.

Was ist der Grund dafür? Jeder Mensch ist ein unabhängiges Wesen mit eigenen Gewohnheiten, Vorlieben, Ansichten und Abneigungen. In einer guten Beziehung oder Freundschaft wird zwar der andere in vielen Eigenschaften mit Ihnen übereinstimmen, aber nicht in allen. Diese Unterschiedlichkeit hat einerseits den Vorteil, daß jeder von des anderen Ansichten profitiert. Andererseits birgt die Unterschiedlichkeit auch den Keim der Zerstörung in sich, wenn Sie diese nicht akzeptieren können und/oder zuviel Zeit mit dem Freund verlorenging. Es ist wie mit den Kontakten in einer Familie. Jede und jeder braucht seine Freiheit, um ihren bzw. seinen eigenen Wünschen nachzugehen. Jeder kann zwar seine eigenen Wünsche zugunsten gemeinsamer Interessen zurückstellen. Das ist aber nur bis zu einer gewissen Grenze möglich. Diese Gefahrenzone wird bei dem einen früher, beim anderen später erreicht sein.

Es ist daher viel besser, den Wünschen anderer nur bis zu einem gewissen Grad entgegenzukommen. Nur zu oft fühlen sich viele Menschen dazu verpflichtet, ja zu sagen, wenn Sie nein sagen sollten. So geht man sich am Ende gegenseitig auf die Nerven, und Mißstimmungen bauen sich auf. So wird ein Nein im Interesse der weiteren positiven Beziehung manchmal die beste Reaktion sein. Eine Absage ist viel ehrlicher und klüger, als nicht mit dem ganzen Herzen dabei zu sein. Zwischenmenschliche Beziehungen entwickeln sich innerhalb bestimmter Grenzen viel besser, als wenn es keine Grenzen gibt. Mit Ihrem gelegentlichen Nein helfen Sie, diese Grenzen abzustecken. Und so ist dann ein gelegentliches Nein nicht der Ausdruck der Rücksichtslosigkeit, sondern der Zuneigung. Mit dem Nein helfen Sie auch dem Freund, Ihre Bedürfnisse besser zu verstehen. Ein Nein sollte also keine Schuldgefühle bei Ihnen wecken. Scheuen Sie darum nicht vor einem gelegentlichen Nein zurück. So erhalten und vertiefen Sie eine Beziehung.

## 5. Hilfreiche und schädliche Selbstoffenbarungen

Ein Luxuswagen rast mit erhöhter Geschwindigkeit über die Autobahn. Ein Streifenwagen überholt das Auto und stoppt es.

»Ich gratuliere«, ruft der Polizist. »Sie haben tausend Mark gewonnen, weil Sie der tausendste Autofahrer sind, der auf der neuen Autobahn fährt. Wissen Sie schon, was Sie mit dem Geld machen werden?«
»Ich werde Fahrstunden nehmen, um meinen Führerschein zu machen«, erwidert der Fahrer.
»Hören Sie nicht auf ihn«, wendet die Ehefrau ein, »er ist nämlich völlig betrunken.«
Noch bevor sich der Polizist von dem Schock erholt hat, ertönt vom Rücksitz des Wagens eine heisere Stimme, die dem Großvater der Familie gehört, der schwerhörig ist:
»Ich habe Euch ja gleich gesagt, daß wir mit dem gestohlenen Auto nicht weit kommen.«

Die Erzählung besteht aus durchwegs schädlichen Offenbarungen. Viele Menschen machen den Fehler, anderen, die sie erst flüchtig kennen, Ihre Selbstzweifel, Schwächen und Probleme hemmungslos zu offenbaren. Das ist aber falsch. Sie müssen einen Unterschied machen zwischen Menschen, die Sie zum ersten Mal sehen, und solchen, die Sie schon lange kennen. Im frühen Stadium einer Beziehung müssen Sie bemüht sein, Ihre positiven Eigenschaften darzustellen.

Nun gibt es Selbstoffenbarungen, die Ihnen helfen, beliebt zu werden. Wenn Sie zum Beispiel sagen:

»Ich verstehe, wie Sie sich fühlen. Ich war auch schon einmal in einer solchen Lage.«

Eine solche Offenbarung ist nicht das Geständnis der eigenen Schwäche. Sie deuten damit an, daß Sie das Tief, in dem Sie einmal steckten, überwunden haben. So wirken Sie sympathisch auf den Mitmenschen.

## 6. Wie Sie der Freundin, dem Freund richtig helfen

Ungefragt sollten Sie anderen keinen Rat erteilen. Sie könnten zu leicht als Besserwisser empfunden werden, der bevormunden will. Bei schwierigen Entscheidungen empfiehlt es sich immer, den Freund um Rat zu fragen. Der gute Rat zählt mit zu den positivsten Dingen in einer Freundschaft. Zu einem guten Rat gehört aber auch viel Einfühlungsvermögen. Der gute Rat ist nie eine Aufforderung, es auch unbedingt so zu machen, wie es der Ratgeber empfiehlt. Jeder ist selbst voll verantwortlich für das eigene Tun. Um gut zu raten, brauchen Sie viel Lebenserfahrung. Selbst wenn Sie einen Rat geben, lassen Sie dem Mitmenschen die Freiheit zur eigenen Entscheidung und somit Raum für eigene Verantwortung.

## 7. Was gefährdet Freundschaften?

Eine Ursache für die Gefährdung einer Freundschaft liegt im Menschen selbst. Freundschaft erfordert eine stabile Haltung den Menschen gegenüber. Wenn diese nicht gegeben ist und Wankelmütigkeit die Gefühle beherrscht, dann kann auch eine Beziehung nicht dauerhaft sein.

Natürlich ist zuwenig oder zuviel Zeit eine Gefahr für jede Freundschaft. Darauf wurde schon hingewiesen. Da der Mensch dem Wechsel unterworfen ist, sind es auch seine Beziehungen. Da die Gefühle Schwankungen erfahren, kann es eine Annäherung oder Entfremdung in der Beziehung geben. Zuneigungen erkalten, Gleichgültigkeit schleicht sich ein, die sich schließlich in eine Abneigung verwandelt.

Ein Freund sagt zum anderen:
»Du Esel.«

Darauf erwidert der:

»Bin ich nun ein Esel, weil ich dein Freund bin, oder dein Freund, weil ich ein Esel bin?«

Beziehungen müßten aber nicht so schnell erkalten, wenn Sie mit sich und dem Mitmenschen nur mehr Geduld hätten. Nachträglich lassen sich leicht Schuldzuweisungen vornehmen, weshalb eine Beziehung auseinandergegangen ist. Sie sagen vielleicht: Mein Freund hat einen Fehler gemacht, oder er hat mich verletzt. Vielleicht liegt die Mißstimmung daran, daß Sie im Umgang mit anderen empfindlicher geworden sind und es Ihnen schwerer fällt zu verzeihen. Möglicherweise haben aber auch ungeschickte Aussprachen zu neuen Mißverständnissen geführt. Die Sympathie zum anderen ist geschwunden, und Sie können keine Gemeinsamkeit mehr erkennen. Das Scheitern von Beziehungen und Freundschaften ist immer mit Schmerzen verbunden und hinterläßt Narben. Aus zerbrochenen guten Beziehungen können sogar Feindschaften werden. Das Scheitern einer guten Beziehung oder Freundschaft ist ein schwerer Verlust. Eine gute Beziehung ist immer ein Wagnis. Sie wären aber noch viel ärmer dran, wenn Sie niemals im Leben eine gute Beziehung und Freundschaft eingingen. Sie schützen sich weitgehend vor dem Scheitern von Freundschaften, wenn Sie die Gefahren der Freundschaft vermeiden.

Eine der Gefährdungen jeder Art von Freundschaft ist die Eifersucht. Sie möchte verhindern, daß der Freund oder die Freundin noch mit anderen Freundschaft pflegt. Sehr tiefe Freundschaften werden Menschen wohl nur wenige in ihrem Leben haben. Dennoch muß man akzeptieren können, daß Freunde auch das Recht auf weitere Freundschaften haben. Natürlich bringen gute Beziehungen auch Verpflichtungen mit sich. Die Verpflichtungen dürfen aber nicht so weit gehen, daß Sie sich den Geschmack und die Interessen des anderen aufdrängen lassen.

Wer immer alles mit dem Freund zusammen machen will, engt sich selbst und den anderen ein. Die unterschiedlichen Interessen bereichern eine Freundschaft. Der andere kann mit Ihnen über Ihre Interessen sprechen, er muß ihnen aber deshalb nicht nachgehen. Die Unterschiedlichkeit der Interessen beider wird in der Freundschaft keine Langeweile entstehen lassen.

**Zusammenfassung**

1. Nehmen Sie sich Zeit für zwischenmenschliche Beziehungen. Erkranken Sie nicht an dem Übel, keine Zeit zu haben.

2. Reservieren Sie sich im Terminkalender Zeit für menschliche Kontakte.

3. Ohne das gegenseitige Geschenk der Zeit sterben zwischenmenschliche Beziehungen.

4. Zeigen Sie dem Mitmenschen Ihre Achtung und Aufmerksamkeit.

5. Kleine Geschenke erhalten die Freundschaft.

6. Entscheidend ist nicht der materielle Wert eines Geschenks.

7. Das Geschenk ist auf die Originalität des Empfängers abzustimmen.

8. Aufmerksamkeiten, um Beziehungen zu pflegen, sind zum Beispiel: ein Telefonanruf, um sich nach dem Befinden des anderen zu erkundigen, eine Ansichtskarte aus dem Urlaub, ein gemeinsames Essen oder eine Einladung.

9. Hüten Sie sich vor Indiskretionen. Mit Ihrer Verschwiegenheit schützen Sie die Privatsphäre Ihrer Freunde.

10. Selbst in der besten Beziehung können Sie mit dem anderen nicht in allen Interessen übereinstimmen.

11. Neben Gemeinsamkeiten braucht jeder Teilnehmer auch die Freiheit, seine eigenen Wünsche zu verwirklichen.

12. Fühlen Sie sich nicht verpflichtet, ja zu sagen, wenn Sie nein sagen wollen.

13. Mit einem Nein helfen Sie dem anderen, Ihre Bedürfnisse besser zu erkennen.

14. Wenn Sie mit Ihrem Nein Grenzen abstecken, dann entwikkeln sich zwischenmenschliche Beziehungen um so besser.

15. Seien Sie im frühen Stadium einer Beziehung bemüht, sich von Ihrer positiven Seite darzustellen.

16. Offenbaren Sie flüchtigen Bekannten nicht Ihre tiefsten Gefühle.

17. Menschen fühlen sich von denen angezogen, die selbstbewußt und sympathisch wirken.

20. Der gute Rat ist eine der positiven Seiten einer Freundschaft. Drängen Sie aber Ihren Rat nicht ungefragt auf, da Sie so wie ein Besserwisser wirken.

21. Die Instabilität von Gefühlen ist eine Gefahrenquelle in Freundschaften.

22. Eifersucht auf andere Beziehungen des Freundes oder der Freundin schaden der Freundschaft.

23. Unterschiedliche Interessen bereichern eine Beziehung.

# Kapitel 10

# Freunde gewinnen im Beruf

## 1. Beziehungen im Beruf

Der Karrierewettbewerb im Beruf bringt viele Menschen in einen Zwiespalt. Einerseits sollen sie gut miteinander im Team zusammenarbeiten, andererseits sind sie auch zum Wettbewerb aufgerufen. Wem es gelingt, erfolgreicher zu sein als andere, erhöht seine Chance auf Beförderung. So fördert die Teamarbeit das Miteinander, das Wettbewerbsstreben aber das Gegeneinander.

Die Bereitschaft, Leistungen zu erbringen, muß aber längst noch nicht dazu führen, sich dem Kollegen gegenüber negativ zu verhalten. Und es gibt genügend Möglichkeiten, die Beziehungen am Arbeitsplatz zu verbessern.

Dazu ein Beispiel: Ein neuer Angestellter fängt im Büro an. Ein »älterer« Mitarbeiter führt den Neuen herum und gibt ihm Informationen über das, was im Betrieb vor sich geht. Dieses freundliche Verhalten wird gezeigt, ganz unabhängig davon, ob der Neue liebenswürdig oder verschlossen ist. Beim neu Eingestellten ist eine gewisse Zurückhaltung sogar geschätzt, solange er noch nicht weiß, wie es im Betrieb läuft.

Leider verläuft die Einführung eines neuen Mitarbeiters manchmal anders. Eifersüchtige Kollegen, die vielleicht selbst an der Position interessiert waren, werfen dem Neuen Knüppel zwischen die Beine. Dieses Verhalten nehmen sich viele Menschen besonders dann heraus, wenn der Chef keine Persönlichkeit ist. Eine gute Führungskraft wird aber sehr daran interessiert sein, daß es im Team ein gutes Arbeitsklima gibt und die Leistungsfähigkeit der Abteilung nicht unter Intrigen leidet.

## 2. Verwechseln Sie Leistungsbereitschaft nicht mit Rivalitätsstreben

Nehmen wir einmal an, ein Mitarbeiter eines siebenköpfigen Teams erhält vom Manager die Anweisung, für die Unternehmensleitung eine Präsentation mit den neusten Erkenntnissen vorzubereiten. Wie würde ein Mitarbeiter mit positiver Charakterstruktur handeln? Er würde die Arbeit mit Freuden annehmen und sofort mit den anderen Teammitarbeitern, die alle Experten auf ihrem Gebiet sind, Gespräche über die Präsentation führen. Dabei äußert jeder seine Meinung, und die Gruppe stimmt über den besten Vorschlag ab. So wären alle Teammitarbeiter an der Sache beteiligt. Und wenn sich im Laufe der Vorbereitung neue Ideen entwickeln, könnte jede und jeder noch seine Meinung dazu äußern. Bei der Präsentation gibt der Sprecher der Gruppe allen Mitarbeitern Anerkennung.

Ganz anders handelt ein Mitarbeiter mit negativen Charaktereigenschaften. Er zieht sich in sein Büro zurück und denkt nach, wie er die Chance in einen Vorteil für sich verwandeln kann. Dieser Mitarbeiter fragt keines der anderen Teammitglieder und gibt auch seinen Kollegen bei der Präsentation keine anerkennenden Worte.

Im folgenden Abschnitt wollen wir uns mit den Erfahrungen von Lee Iacocca beschäftigen. Er ist zur Zeit Amerikas bestbezahlter Spitzenmanager, und seine Erfahrungen werden auch Ihnen helfen, erfolgreicher im Beruf zu werden.

## 3. Die Erfahrungen von Lee Iacocca

Lee Iacocca war Supermanager bei Ford. Da der Hauptaktionär Henry Ford II seinen erfolgreichen Manager nicht mochte, warf er ihn aus dem Autokonzern, obwohl Lee Iacocca das Unternehmen äußerst erfolgreich geführt hatte. Später wurde Iacocca Chef beim Chrysler-Konzern, den er aus einer konkursreifen Situation innerhalb von etwa drei Jahren zu großem Erfolg führte.

Beschäftigen wir uns zunächst mit den unangenehmen Erfahrungen Iacoccas. Nach seinem Rausschmiß bei Ford war Lee Iacocca auf einem Tiefpunkt angelangt. Seine Frau wurde durch die vielen Aufregungen immer kränker und bekam einen Herzanfall.

Iacocca schreibt in seinem Bestseller:

»Mein Vater sagte immer, wenn man bei seinem Tod fünf echte Freunde hat, dann kann man mit seinem Leben zufrieden sein. Ich begriff bald, was er meinte. Es war eine bittere Lektion für mich. Man kann mit jemandem Jahrzehnte befreundet sein. Man kann alle guten und schlechten Zeiten mit ihm teilen. Man kann versuchen, ihn zu schützen, wenn es hart auf hart geht. Und dann hat man selber Pech, und man hört nie wieder von dem Mann...

Ich fühlte mich ziemlich elend nach der Entlassung, und es hätte mir gutgetan, wenn jemand angerufen und gesagt hätte: ›Trinken wir einen Kaffee miteinander, ich finde es schrecklich, was da passiert ist.‹ Aber die meisten meiner Freunde ließen mich im Stich. Es war der größte Schock meines Lebens.«

Iacocca bringt für das Verhalten seiner Freunde sogar etwas Verständnis auf, denn er sagt: »Bis zu einem gewissen Grad kann ich ihre Haltung verstehen. Es war nicht ihre Schuld, daß das Unternehmen eine Diktatur war. Ihre Jobs standen wirklich auf dem Spiel, wenn sie weiterhin mit mir verkehrten. Sie mußten an ihre Hypotheken und ihre Kinder denken.«

Trotz seiner negativen Erfahrungen bewahrte sich Iacocca seine positive Einstellung zum Mitmenschen in der Arbeitswelt.

Er schreibt:

»Oder nehmen Sie meine eigene Karriere. Ich kenne viele Leute, die klüger sind als ich und die viel mehr über Autos wissen. Trotzdem bin ich an allen vorbeigezogen. Warum? Weil ich brutal bin? Nein. Man setzt sich nicht lange durch, indem man Leute zur Schnecke macht. Man muß mit den Leuten reden, ganz einfach.«

Zugegeben, tiefe Freundschaften wird es am Arbeitsplatz wenige geben. Wenn Sie aber nicht auch die Ebene der Freundschaft erreichen, von der Iacocca spricht, dann werden Sie keine guten Beziehungen zu Ihren Mitmenschen am Arbeitsplatz schaffen. Für Iacocca sind Anerkennung und Zuhören auch sehr wichtig. Er sagt:

»In der Wirtschaft muß man alle Mitarbeiter ermuntern, einen Beitrag zur gemeinsamen Sache zu leisten, um Aufgaben besser zu lösen. Man braucht nicht jeden einzelnen Vorschlag aufzugreifen, aber wenn man nicht hingeht und sagt: ›He, Ihre Idee ist phantastisch!‹ und ihm oder ihr auf die Schulter klopft, dann wird er/sie mit keinem zweiten Vorschlag ankommen. Diese Art der Kommunikation vermittelt den Leute das Gefühl anerkannt und wichtig zu sein. Man muß gut zuhören können, wenn man seine Mitarbeiter motivieren will. Genau da liegt der Unterschied zwischen einem mittelmäßigen und einem erstklassigen Unternehmen. Das befriedigendste Erlebnis, das ich als Manager habe, ist, einen als durchschnittlich oder mittelmäßig geltenden Menschen aufblühen zu sehen, einzig und allein, weil sich jemand seine Probleme angehört und ihm geholfen hat, sie zu lösen.«

Und an anderer Stelle schreibt Iacocca: »Draufsatteln immer nur, solange jemand obenauf ist, und nicht zu hart sein, wenn einer am Boden liegt.« Wenn ein Mitarbeiter über seinen eigenen Mißerfolg bestürzt ist, dann riskiert man, ihn tief zu verletzen und ihm den Antrieb zu nehmen, sich zu bessern. Oder wie Charlie Beecham zu sagen pflegte: »... Wenn Sie jemanden loben wollen, dann zun Sie es schriftlich. Wenn sie ihn zusammenscheißen wollen, tun Sie's am Telefon ...« Der Erfolg der Persönlichkeit von Iacocca zeigt ganz deutlich: Die im Buch genannten Möglichkeiten, Freunde zu gewinnen, gelten auch für den Arbeitsplatz. Und mit den in diesem Buch genannten Methoden gewinnen Sie nicht nur Freunde, sondern Sie haben auch Erfolg im Beruf.

### 4. Selbstvertrauen hilft, ein aufgeblähtes Ego schadet

Mit gesundem Selbstvertrauen haben Sie ein starkes Ich. Ein solches Ich darf aber nicht mit einem aufgeblähten Ich verwechselt werden. Zwischen den beiden gibt es einen großen Unterschied. Eine Frau mit Selbstvertrauen kennt ihre eigenen Stärken. Sie strebt ihre Ziele an und hat eine realistische Vorstellung von dem, was sie schaffen kann. Die Frau mit einem aufgeblähten Ich sieht auf andere herab und sucht ständig Anerkennung. Dasselbe gilt natürlich für Männer. Solche Menschen versuchen, sich immer in den Vordergrund zu drängen und auch immer recht zu haben. Daher schreckt das aufgeblähte Ich die Mitmenschen ab.

Trotz seiner Wichtigtuerei zweifelt der Mensch mit einem aufgeblähten Ich an sich, er hat große Minderwertigkeitsgefühle. Am Ende glaubt er, jeder sei gegen ihn, und er ist sehr feindselig. Er ist der Meinung, Angriff sei die beste Verteidigung. Doch fast immer greift er an, ohne daß ein Anlaß dafür besteht.

Mit einem aufgeblähten Ego wird sich jeder nur Feinde schaffen. Mit Selbstvertrauen hingegen gewinnen Sie Freunde.

## 5. Arbeiten Sie mit anderen zusammen

Sie gewinnen dann Freunde im Beruf, wenn Sie gerne mit anderen zusammenarbeiten. So schaffen Sie sich nicht nur Freunde; Ihre gute Zusammenarbeit mit anderen entscheidet zudem über Ihre Karriere. Iacocca sagt dazu: »Ich habe zu viele Typen gesehen, die klug und talentiert sind, aber die einfach nicht in einer Mannschaft spielen können. Das sind die Führungskräfte, von denen andere sagen: ›Ich möchte wissen, warum der es nicht weitergebracht hat!‹ Jeder von uns kennt solche Leute, die alles Notwendige mitzubringen scheinen und dennoch keine großen Sprünge machen. Ich spreche hier nicht von den Leuten, die gar nicht wirklich vorwärts kommen wollen oder die schlicht faul sind. Ich denke an dynamische Leute, die Pläne hatten, in die Schule gingen, eine gute Stellung bekamen, sich eingesetzt haben, aber die dann steckengeblieben sind... Aber ein Hauptgrund, warum fähige Leute nicht vorankommen, ist, daß sie mit ihren Kollegen nicht gut zusammenarbeiten können.«

Sie werden mit Kollegen gut zusammenarbeiten, wenn Sie
- gern mit anderen über Probleme reden
- nicht nur selbst reden, sondern auch gut zuhören können
- Verständnis für die Sorgen der Mitarbeiter zeigen
- einfühlsam sind
- sich in einer Gruppe von Menschen wohl fühlen
- nicht darunter leiden, wenn Sie überstimmt werden
- sich sympathisch zeigen und im Rahmen Ihrer Möglichkeiten anderen das Gefühl geben, daß alle zu einer Familie gehören.

Hindernisse für eine gute Zusammenarbeit mit anderen sind:

- übertriebenes Bedürfnis nach Selbstdarstellung
- übertriebene Fixierung auf die meßbare Einzelleistung

- Machtkämpfe
- Mangel an kooperativer Einstellung
- fehlende Bereitschaft zu informieren
- unterschwellige Konflikte
- Mißtrauen gegen andere.

Es gibt eine einfache Regel für gute Zusammenarbeit: Behandeln Sie Ihre Kollegen so, wie Sie selbst von ihnen behandelt werden wollen.

## 6. Gewinnen Sie Kollegen für sich

Eine Angestellte erzählte mir: »Ich bin nun schon fast ein halbes Jahr bei der neuen Firma. Ich gebe mir viel Mühe um meine Arbeit und mache gelegentlich auch Überstunden, wenn es die Situation erfordert. Manchmal habe ich den Eindruck, daß meine Kolleginnen und Kollegen meine Arbeit sogar behindern. Natürlich leide ich auch etwas unter den schlechten Beziehungen, die besser sein könnten. Was kann ich tun, damit sich die Situation verbessert?«

Ich antwortete ihr: »Leider machen nicht wenige Menschen den Fehler, ihre gesamte Zeit nur für die Arbeit einzusetzen. Dadurch leiden die Beziehungen zu den Kollegen und Kolleginnen. Das wirkt sich negativ auf die Qualität der Arbeit aus. Mitarbeiter fühlen sich durch ein solches Verhalten nicht respektiert. Bewußt oder unbewußt rächen sie sich dafür. Ihre Post wird vielleicht nicht rechtzeitig weitergeleitet oder geht sogar verloren. Sie erhalten die notwendigen Akten nicht rechtzeitig, um nur einige Beispiele zu nennen.

Sie müssen auch einen Teil Ihrer Arbeitszeit dafür verwenden, gute Beziehungen am Arbeitsplatz zu schaffen.«

»Wie kann ich das tun?« fragte die Frau.

Ich erwiderte: »Erweisen Sie Kolleginnen oder Kollegen irgendwelche Gefälligkeiten. Sie können zum Beispiel einmal Kaffee, Kuchen oder Eis spendieren. Sie können anderen bei Problemen helfen, die sie haben. So gewinnen Sie Freunde, und irgendwann wird man auch Ihnen Gefälligkeiten erweisen.«

»Kann das nicht gefährlich werden für mich, und besteht nicht auch die Möglichkeit, von anderen ausgenützt zu werden?« wollte die Frau wissen. Ich erwiderte: »Den Kolleginnen und Kollegen überhaupt keine Gefälligkeit zu erweisen ist genauso extrem, wie die ganze Arbeitszeit damit zu verbringen, anderen Gefälligkeiten zu erweisen. Wenn Sie nur etwa 5 Prozent Ihrer Arbeitszeit dafür nutzen, Beziehungen zu pflegen, dann wird sich das positiv auf die Arbeitsatmosphäre und Ihre Arbeitsleistung auswirken. Beginnen Sie auch Gespräche mit anderen. Manchmal müssen Sie etwas sondieren und herumtasten, bevor Sie das richtige Thema finden, das Verbindung zwischen Ihnen schafft.«

Die Frau entgegnete: »Ich möchte aber einen gewichtigen Einwand bringen. Vor einigen Monaten hatte die Assistentin unserer Gruppenleiterin von dieser erfahren, wie schwierig die Zusammenarbeit mit dem Abteilungsleiter sei. Die Assistentin bot ihr an, ihr diese Aufgabe abzunehmen. Die Gruppenleiterin nahm das Angebot an. Jetzt hat die Assistentin den Job der Gruppenleiterin.«

»Die Gruppenleiterin ist zu vertrauensselig gewesen«, erwiderte ich. »Vertrauensseligkeit ist sehr gefährlich. Gute Beziehungen am Arbeitsplatz zu schaffen bedeutet aber nicht, vertrauensselig zu sein. Es ist durchaus möglich, die eigenen Interessen zu schützen, Kolleginnen und Kollegen Anerkennung und Wertschätzung zu geben und ihnen gelegentlich Gefälligkeiten zu erweisen.«

## 7. Wann die Offenheit eingeschränkt werden muß

Offenheit ist notwendig, damit die Menschen zueinander finden.

An dieser Stelle wollen wir uns mit einer ganz besonderen Situation befassen. Wie Sie wissen, gibt es Menschen, die Sie bis in Ihren letzten Winkel ausforschen wollen, um Sie danach gleichsam in die Pfanne zu hauen. Solche Menschen haben kein aufrichtiges Interesse an Ihnen. Sie suchen nur nach Informationen, um ihrem eigenen destruktiven Verhalten Ihnen gegenüber freien Lauf zu lassen.

Eine Krankenhausangestellte erzählte mir: »Meine Kolleginnen werfen mir vor, ich würde mich mit ihnen nicht mehr unterhalten und ihnen auch nichts mehr erzählen. Dafür habe ich aber einen guten Grund. Ich habe mich nämlich wiederholt ausfragen lassen und Dinge preisgegeben, die ich besser für mich behalten hätte. Danach hat es mit den Kolleginnen immer wieder Disharmonien gegeben. Was soll ich nur tun, damit es zwischen mir und meinen Kolleginnen keine weitere Entfremdung gibt?«

Ich erwiderte auf ihre Frage: »Sie müssen sich mit solchen Kolleginnen über Belanglosigkeiten unterhalten. Auf die verschiedenen Möglichkeiten, Konversation zu führen, habe ich ausführlich in meinem Buch *Menschen erkennen, durchschauen, verstehen (Vom konstruktiven Umgang mit Mitmenschen)* hingewiesen. Mitmenschen sehen die Tatsache, daß Sie sich mit Ihnen unterhalten, bereits als Anerkennung an.«

»Das weiß ich«, entgegnete die Dame. »Mein Problem liegt aber etwas anders. Meine Kolleginnen stellen mir bald sehr unangenehme und schwierige Fragen. Und da ich nicht weiß, wie ich mich dann verhalten soll, gehe ich der Unterhaltung völlig aus dem Weg.«

Ich empfahl ihr folgendes: »Überlegen Sie sich vorher, welche unangenehmen Fragen die Kollegen stellen könnten. Schreiben

Sie sich solche Fragen auf. Machen Sie sich dann folgende Gedanken darüber: Muß ich die gestellte Frage überhaupt beantworten? Will ich die Frage wirklich beantworten oder nur scheinbar?

Wieviel will ich überhaupt offenbaren?

Was könnte ich sagen, damit ich zwar etwas, aber nicht zuviel äußere?

Was könnte ich sagen, wenn ich die Frage überhaupt nicht beantworten will?

Denken Sie daran: Sie müssen Ihre Einstellungen weder erklären noch verteidigen. Und natürlich können Sie immer ausweichend antworten.«

Doch zurück zu Ihnen. Bedienen Sie sich der Tabellen III a und III b, um sich Reaktionen zu überlegen, mit denen Sie Fragen und dem Verhalten anderer begegnen, die bei Ihnen Unbehagen auslösen.

Es empfiehlt sich, die Ergebnisse in einem ruhigen Zimmer aufzuschreiben.

Sprechen Sie dann laut die Sätze, die Sie aufgeschrieben haben, und nehmen Sie sie auf ein Tonband auf. Beurteilen Sie selbst, ob Ihre Antworten selbstsicher klingen.

Hier ein Beispiel für eine geschickte Antwort. Ein chinesischer Nobelpreisträger, der seit zwei Jahrzehnten in Kalifornien lebt, erzählte: »Schulkameraden fragen meine Kinder: ›Fühlt Ihr euch als Chinesen oder als Amerikaner?‹ Sie antworteten: ›Als Kalifornier.‹«

Wenn Sie solche Situationen üben und vor allem dabei auch auf den Klang Ihrer Stimme achten, dann üben Sie, sicher aufzutreten. Sie wirken selbstbewußt, und Ihr Gegenüber hat nicht den Eindruck, Sie fühlten sich unbehaglich.

*Tabelle IIIa*

| Fragen, die Unbehagen auslösen | Beantworten ja oder nein | Antworten bzw. Verhalten |
|---|---|---|
| | | |
| | | |
| | | |
| | | |
| | | |
| | | |
| | | |
| | | |
| | | |
| | | |
| | | |
| | | |
| | | |
| | | |
| | | |
| | | |
| | | |
| | | |
| | | |
| | | |

*Tabelle IIIb*

| Abwertende Bemerkungen | Beantworten ja oder nein | Antworten bzw. Verhalten |
|---|---|---|
| | | |
| | | |
| | | |
| | | |
| | | |
| | | |
| | | |
| | | |
| | | |
| | | |
| | | |
| | | |
| | | |
| | | |
| | | |
| | | |
| | | |
| | | |
| | | |
| | | |

## 8. Der Umgang mit Negativ-Denkern und Intriganten

Ein Mann erzählte mir: »In unserer Abteilung komme ich mit meinem Chef und den Kollegen bis auf einen gut aus. Bereits mehrere Male habe ich versucht, zu dem unangenehmen Kollegen ein positives Verhältnis aufzubauen. Einmal dachte ich bereits, ich hätte es geschafft. Doch das war ein Irrtum. Der Mann versuchte danach, mich hinter meinem Rücken bei anderen Kollegen schlecht zu machen. Ich habe es aufgegeben, zu diesem Menschen positive Beziehungen aufzubauen. Ich fühle mich in einer solchen Situation unwohl.«

Ich antwortete darauf: »Leider wird es immer Menschen geben, die wollen, daß Sie Mißgeschicke erleiden. Daran können Sie nichts ändern. Gehen Sie Leuten, die negativ denken und gegen Sie intrigieren, aus dem Weg. Entwickeln Sie keine Selbstzweifel, wenn Sie solche Menschen nicht zum Positiven bekehren können. Lassen Sie sich von ihnen auch nicht einschüchtern oder dazu bewegen, gegen sie anzukämpfen. Sie sind schon überlegen, wenn Sie sich weigern, sich mit solchen Menschen auseinanderzusetzen. Wenn Sie Negativdenker bekämpfen, dann vermindert das Ihre Größe. Denken Sie daran, daß solche hinterhältigen Menschen seelisch krank sind. Würden Sie solche Kleindenker bekämpfen, wirken Sie sehr negativ auf Ihre Kollegen und schaden so Ihren anderen Beziehungen. Und so hätte der Intrigant sein Ziel erreicht. Bejahen Sie sich, und lassen Sie sich nicht auf die Ebene solcher negativer Menschen herabziehen. Denken Sie nur an sich, und versuchen Sie, aus sich das Beste zu machen. Je mehr Sie an sich selbst glauben und in sich ruhen, desto besser vermögen Sie auch in unangenehmen Situationen Sicherheit zu zeigen. Sagen Sie sich: Ich bin der Lenker meiner Gefühle und meiner Gedanken. Für meine Gefühle bin ich selbst verantwortlich.«

Der Angestellte erwiderte: »Ich verstehe, was Sie meinen. Da fällt mir ein Spruch ein, der Eleanor Roosevelt zugeschrieben wird: *Ohne daß du es zuläßt, kann niemand bewirken, daß du dich minderwertig fühlst.*

Ich sagte: »Sie haben mich richtig verstanden. Lassen Sie sich nicht durch Negativdenker dahin bringen, negativ zu fühlen. Würdigen Sie sich nicht herab. Konzentrieren Sie sich auf Ihre Vorzüge. Machen Sie sich Gedanken über Ihre positiven Seiten, und bejahen Sie diese. Lenken Sie Ihre ganze Kraft darauf, sich selbst zu verbessern. Denken Sie daran, daß unnötige Auseinandersetzungen und Aufregungen Sie nicht zum gewünschten Ziel bringen. Zeigen Sie ein überlegenes Verhalten, dann achten Ihre andere Kollegen Sie noch mehr. Sie schaffen sich noch mehr Freunde, und der Intrigant macht sich selbst lächerlich. Bauen Sie also regelmäßig durch Selbstbejahung und Symbolvisualisierung positive Gedanken und Gefühle auf. Wie Sie das tun, habe ich in meinen Büchern *Lebe besser, lebe gern* und *Die helfende und heilende Kraft der Symbole* beschrieben. Vergeuden Sie Ihre Kraft nicht mit Auseinandersetzungen. Entwickeln Sie sich weiter zu Ihrer eigenen Größe. Ihre Selbstachtung hilft Ihnen dabei.«

## 9. Gewinnen Sie Ihren Chef für sich

Bei einem Seminar sprach ich darüber, wie wichtig es ist, über die eigene Arbeit, über sich selbst und die eigene Familie positiv zu denken. Eine anwesende Lehrerin äußerte: »Wie kann ich das schaffen, wenn ich Ärger und Groll gegen meinen Chef hege und unsere Beziehung schlecht ist?«

Ich fragte die Lehrerin: »Haben Sie sich selbst um eine gute Beziehung zu Ihrem Chef bemüht?«

Sie antwortete: »Überhaupt nicht. Ich versuche ihm aus dem Weg zu gehen.«

Ich fragte die Lehrerin: »Zeigt diejenige Stärke, die eine Beziehung gestaltet, oder die, die dem Kontakt aus dem Wege geht?«

Die Frau erwiderte: »Natürlich zeigt die mehr Stärke, die eine Beziehung selbst gestaltet. Mir fällt es aber sehr schwer, meinem Chef keine negativen Gefühle entgegenzubringen.«

Ich entgegnete: »Jeder Mensch hat positive, jeder auch negative Seiten. Wenn wir uns darauf konzentrieren, beim Mitmenschen nur die negativen Seiten zu sehen, werden wir keine freundschaftlichen Beziehungen aufbauen können. Versuchen Sie also, bei Ihrem Chef auch positive Seiten zu entdecken, dann wird sich Ihr Verhältnis bessern. Außerdem ist es notwendig, Ihr eigenes Emotionsniveau anzuheben. Betreiben Sie dazu die Visualisierung der aufgehenden Sonne. Der Aufbau eines solchen positiven Emotionsniveaus wirkt sich nicht nur förderlich auf Ihre Beziehungen, sondern auch sehr auf Ihr eigenes Wohlbefinden aus.«

Die Lehrerin erwiderte: »Es braucht doch gewiß einige Zeit, um ein merkliches Anheben meines Emotionsniveaus zu erreichen.« Ich erwiderte: »Gewiß. Etwa 14 Tage müssen Sie die Übung mindestens durchführen, bevor Sie eine Veränderung an sich spüren.«

»Was kann ich noch tun, um die Beziehung zu verbessern?« fragte die Lehrerin.

Ich erwiderte: »Seien Sie freundlich zu Ihrem Chef, und zeigen Sie, daß Sie ihn achten. Gehen Sie auf seine Eigenarten und Besonderheiten ein. Wenn Ihr Chef anders entscheidet, als Sie es vorgeschlagen haben, dann machen Sie das nicht zu Ihrem Selbstwertproblem.«

Gehen auch Sie mit ihrem Chef einfühlsam um.

Verhalten Sie sich also zum Beispiel nicht wie der Angestellte im folgenden Beispiel:

Chef zu seinem Prokuristen Kolischer: »Wir wollen das

25jährige Jubiläum unserer Firma feiern. Es soll auffallen, nichts kosten, und die Angestellten sollen sich freuen.« Kolischer überlegt einen Moment. Dann antwortet er: »Chef, hängen Sie sich auf. Das fällt auf, es kostet nichts, und die Angestellten freuen sich.«

## Zusammenfassung

1. Verwechseln Sie Leistungsbereitschaft nicht mit Rivalitätsstreben.

2. Sie können Leistungen erbringen und dennoch gute Beziehungen zu den Kollegen haben.

3. Enge Freundschaften gibt es am Arbeitsplatz wenige.

4. Vermitteln Sie Ihren Mitarbeiterinnen und Kollegen das Gefühl, wichtig zu sein.

5. Menschen mit einem aufgeblähten Ich sehen auf ihre Mitarbeiter und Kolleginnen herab und wollen immer recht behalten.

6. Der Mensch mit einem aufgeblähten Ich sieht jeden als seinen Feind an und zeigt großes Rivalitätsstreben.

7. Nur mit gesundem Selbstvertrauen gewinnen Sie Freunde im Beruf.

8. Der Spitzenmanager Lee Iacocca sagt: »Ein Hauptgrund, warum fähige Leute nicht vorankommen, ist, daß sie mit Kollegen nicht gut zusammenarbeiten können.«

9. Vermeiden Sie die Haupthindernisse für eine gute Zusammenarbeit: übertriebenes Bedürfnis nach Selbstdarstellung, Mißtrauen, Mangel an kooperativer Einstellung und unterschwellige Konflikte.

10. Behandeln Sie Ihre Kollegen so, wie Sie selbst von ihnen behandelt werden wollen.

11. Verwenden Sie etwa fünf Prozent Ihrer Arbeitszeit für die Pflege von Kontakten am Arbeitsplatz. Ihre Arbeit profitiert davon.

12. Erweisen Sie Ihren Kolleginnen und Kollegen Gefälligkeiten.

13. Gute Beziehungen am Arbeitsplatz zu schaffen bedeutet nicht, vertrauensselig zu sein.

14. Hüten Sie sich davor, sich am Arbeitsplatz von hinterhältigen Menschen auf deren Ebene herabziehen zu lassen.

15. Denken Sie über sich selbst und Ihre Arbeit fortschrittlich.

16. Bauen Sie eine positive Beziehung zu Ihrem Chef bzw. Ihrer Chefin auf.

17. Mit der Symbolvisualisierung Sonne heben Sie Ihr Emotionsniveau an.

18. Zeigen Sie Ihrem Chef oder Ihrer Chefin, daß Sie ihn/sie achten, und gehen Sie auf seine/ihre Eigenheiten und Besonderheiten ein.

19. Entscheidet Ihre Chefin oder Ihr Chef anders, als Sie vorgeschlagen haben, dann machen Sie das nicht zu Ihrem Selbstwertproblem.

# Kapitel 11

# Enge Freundschaften

## 1. Die Sehnsucht nach enger Freundschaft

Während eines Kontakttrainingsseminars faßte ein Elektroingenieur Mut und sagte: »Ich habe in meinem ganzen Leben keinen engen Freund gehabt. Es gibt nur einen Menschen, mit dem ich offen reden kann, das ist mein Kind.«

Nachdem er den Satz beendet hatte, konnten alle Anwesenden Tränen in seinen Augen sehen. Es waren Tränen, die er schon seit Jahren unterdrückt hatte. Die Aufrichtigkeit, mit der er seine Einsamkeit eingestand, veranlaßte alle Teilnehmer, sich schneller hinter der Fassade hervorzuwagen, hinter der sie sich sonst verbargen.

Erich Fromm schreibt, daß »der Mensch ein hilfloses Stäubchen im Wind wäre, wenn er keine gefühlsmäßigen Bindungen finden würde, die sein Bedürfnis befriedigen, mit der Welt außerhalb seiner Person verknüpft und vereint zu sein.«

Der Widerstandskämpfer Dietrich Bonnhoeffer schrieb in der Todeszelle: »Es gibt kaum ein beglückenderes Gefühl, als zu spüren, daß man für andere Menschen etwas sein kann. Dabei kommt es gar nicht auf die Zahl, sondern die Intensität an. Schließlich sind eben die menschlichen Beziehungen doch das Wichtigste im Leben; daran kann auch der moderne Leistungsmensch nichts ändern, aber auch nicht die Halbgötter oder die Irrsinnigen, die von menschlichen Beziehungen nichts wissen ...«

Und Antoine de Saint-Exupéry sagt: *Mein Freund, ich brauche dich wie eine Höhe, in der man anders atmet.*

## 2. Worauf kommt es in einer engen Freundschaft an?

Ewald von Kleist äußerte: *Und wahre Freunde werden keinem fehlen, der sie zu haben wert und selbst ein Freund zu sein fähig ist.*

Wenn Sie also einen engen Freund, eine enge Freundin finden wollen, müssen Sie zunächst selbst ein Freund, eine Freundin sein. Doch worauf kommt es dabei an? Was ist in einer engen Freundschaft nötig?

Sie haben Zeit für den Freund, wenn er Sie braucht.
Sie hören ihm aufmerksam zu.
Sie binden Ihre Freundschaft nicht an Bedingungen.
Sie haben Vertrauen zum Freund.
Sie engen seine Freiheit nicht ein.
Sie sind aufrichtig und täuschen den anderen nicht.
Sie sagen ihm einige seiner Fehler und Schwächen, aber sehr behutsam.
Sie sind zuverlässig, loyal und verschwiegen.
Sie machen ihm Mut, wenn er verzweifelt ist.
Sie verzeihen ihm, wenn er Sie verletzt hat.
Sie sind um sein Wohlergehen besorgt.
Sie zeigen ihm Verständnis.
Sie zeigen ihm, daß er sich auf Sie verlassen kann.

Wenn Sie sich darum bemühen, dann gelten die Worte von Hermann Hesse: »Wo befreundete Wege zusammenlaufen, da sieht die ganze Welt für eine Stunde wie eine Heimat aus.«

## 3. Ein Mann erzählt über eine enge Freundschaft

In einem Gespräch berichtete mir ein Mann über seine Erfahrungen. Er sagte: »Vor einigen Wochen ist ein enger Freund von mir gestorben. Unsere Beziehung hat fast 30 Jahre gedauert. Unsere Freundschaft ist mit den Jahren immer tiefer geworden. Oft unterhielten wir uns über das, was uns miteinander verband. Wir sprachen aber auch über unsere Lebenserfahrungen und über die Veränderungen, die jeder von uns erlebt. Wir halfen uns gegenseitig, um Enttäuschung zu überwinden. Wenn der eine den anderen brauchte, war er für ihn da und machte ihm Mut.

Manchmal haben wir einander gekränkt. Wir überwanden die Verletzungen und verziehen einander. Wir besprachen unsere persönlichsten Pläne und Träume. Unsere Freundschaft bestand viele Belastungsproben. Für unsere Freundschaft gilt das malaische Sprichwort *Wer einen guten Freund hat, bedarf keines Spiegels*. Jeder wurde zum Spiegel des anderen, der ihm eine neue Sicht seines Wesens enthüllte. Der Tod meines Freundes ist ein großer Verlust für mich. Mein Freund lebt in meiner Erinnerung und in meinem Herzen weiter. Niemand vermag mir meinen Freund zu ersetzen. Die Zeit, die ich mit ihm verbracht habe, hat mich reifer gemacht. Mein Freund hat meine Entwicklung vorangebracht, und ich bin fähig, tiefe Beziehungen einzugehen.«

## 4. Offenheit in der engen Freundschaft

Enge Freunde reden offen miteinander. Das bedeutet zwar nicht, daß sie sich alles erzählen. Sie betreiben aber auch keine Geheimnistuerei. In der engen Freundschaft können Sie sich dem anderen mitteilen, ohne Angst zu haben, sich zu blamieren. Sie können Ihre Gefühle zeigen und Gedanken offen äußern.

Ralph Waldo Emerson sagt: *Ein Freund ist einer, vor dem ich laut denken darf.*

Und Ewald von Kleist meint: *Wer in Gesellschaft seiner Freunde immer Worte wägt, ist selten ein wahrer Freund und selten der Freundschaft fähig.*

Sie können über Ärger sprechen, den Sie erlebt haben, oder über freudige Erlebnisse. Sie wissen, der/die andere akzeptiert Sie und Sie ihn/sie. Es tut jedem Menschen gut, vom anderen gehört zu werden, wenn er das Gefühl hat, die Probleme überwältigten ihn. Hierbei ist es so wichtig, auf allen Ebenen einfühlsam zuzuhören, ohne zu bewerten und zu beurteilen. Wenn Sie in solchen Momenten den Freund nicht nach Ihren Vorstellungen formen wollen, sondern ihn nur einfach verstehen, dann verändert sich für den Freund die Sicht seiner Wirklichkeit, und das Durcheinander löst sich auf. Wenn Sie auf diese Art zuhören, dann haben Sie auch das Gefühl, selbst zu wachsen. Voraussetzung ist aber, richtig und intensiv zuzuhören. Und dabei gilt es, Erwartungshaltungen zu vermeiden, die Äußerungen des Freundes nicht nach Ihren Wünschen umzudeuten und keine Manipulationen vorzunehmen. Außerdem werden Sie sich wohl fühlen, wenn Sie dem anderen Ihr Erleben und Ihre Erfahrungen mitteilen. Offenheit im Umgang mit Freunden erfordert aber auch, sich unumwunden auszusprechen, wenn eine Mißstimmung eingetreten ist. In jeder Beziehung bauen sich gelegentlich Spannungen auf. Wenn Sie solche Spannungen meistern, dann vertiefen Sie diese Beziehung sogar. Sprechen Sie also unter vier Augen darüber, was Sie verletzt hat. Wenn Sie nicht darüber sprechen, dann wird der Ärger ins Unbewußte verdrängt, arbeitet dort weiter und wandelt sich in Bitterkeit und dann zu Haß. Viele Verstimmungen haben ihre Ursache in Ungeschicklichkeit und nicht in Böswilligkeit. Und Gedankenlosigkeit ist leichter zu vergeben als Böswilligkeit.

## 5. Wollen Sie mit Ihrem Freund eine Einheit werden?

Ein junger Mann erzählte: »Ich habe einen Freund, mit dem mich viele Gemeinsamkeiten verbinden. Ich will mit ihm noch mehr inneren Gleichklang erreichen. Ich bin enttäuscht, daß ich es nicht schaffe, und meine, mein Freund sollte sich auch mehr Mühe darum geben.«

Ich entgegnete: »Zwei Menschen machen oft den Fehler, zu einer Einheit verschmelzen zu wollen. Jeder erwartet unbewußt vom anderen die Aufgabe eines Teils seiner eigenen Persönlichkeit, um noch mehr mit dem anderen eins zu werden. Da aber jeder einmalig ist, eigene Bedürfnisse hat und eine eigene Identität entwickeln muß, ist dieses Ziel der totalen Einheit nicht zu erreichen. Aus dem Mißerfolg eines solchen Einheitsstrebens entwickeln sich Schuldgefühle, an der die Beziehung stirbt.«

Der libanesische Philosoph Kali Gibran warnt vor dem Fehler, mit dem Partner zu einer einzigen »Tempelsäule« zu verschmelzen. Gibran schlägt ein anderes Verhalten vor. Beide sollen versuchen, zwei Tempelsäulen zu werden, die gemeinsam das Dach des Tempels tragen. Bei diesem Bild behalten beide Partner ihre Individualität und arbeiten dennoch an der Vertiefung ihrer Beziehung. Nur wenn jeder Partner seinen Teil des Daches trägt – also seine Persönlichkeit erhält –, stürzt das Dach nicht ein. Als echter Freund helfen Sie Ihrem Freund, sein eigenes Leben zu verwirklichen. Und auch Ihr Freund hält Sie nicht von Ihrem Lebensweg ab. Sie lassen sich beide gegenseitig nicht im Stich. Sie bleiben sich nah in Freud und Leid.

## 6. Das Geld in der Freundschaft

Ein altes Sprichwort sagt: *Am Geld scheitert die beste Freundschaft.* Geld und Freundschaft sind aber vollkommen verschiedene Dinge. Ein Freund ist nicht dafür da, angepumpt zu werden. Das Ausleihen von Geld ist fast immer nur mit Ängsten verbunden. So sagt Jesus Sirach im Alten Testament:

»Oft gibt es Schuldner, die ein Darlehen suchen und dann ihren Helfern Verdruß bereiten. Bis daß er es erlangt hat, küßt er ihm die Hand und redet schmeichlerisch um seines nächstes Geldes willen. Doch kommt die Zeit der Rückerstattung, dann enttäuscht er ihn und gibt es ihm nur nach langer Zeit zurück.

Selbst wenn er zahlen könnte, wird die Hälfte kaum entrichtet, und er betrachtet es wie ein gefundenes Gut. Und wenn er nicht kann, bringt er ihn ums Geld und macht ihn grundlos sich zum Feind. Nur Fluch und Schmähung gibt er ihm zurück, und statt mit Dank vergibt er ihm mit Schmach.

Gar viele halten sich nicht aus Bosheit zurück, sondern weil sie unverdienten Ärger fürchten.« (Jesus Sirach, 29,4–7)

An anderer Stelle sagt aber auch Jesus Sirach:

»Nimm Dich des Armen an, um des Gebotes willen, und weise ihn nicht leer in seiner Not von dannen. Gib hin das Geld dem Bruder und dem Freund zuliebe, und daß es unter einem Stein nicht roste und verderbe.« (Jesus Sirach 29,9–10)

Mit diesem Text könnten Sie sich trösten, wenn Sie Ihr verliehenes Geld nicht zurückerhalten. Doch zunächst wird Sie der Verlust schmerzen. Sie fühlen sich ausgenützt, und die Freundschaft leidet oder endet.

Machen Sie es sich also zur Richtlinie, den Freund nicht anzupumpen. Und für das Verleihen von Geld gibt es Banken. Sollten Sie ausnahmsweise eine größere Summe Geldes an den Freund leihen, dann machen Sie darüber einen Vertrag. So vermeiden Sie viel Ärger, der entstehen könnte. Freundschaft wächst nicht, wenn Sie den anderen oft mit Geld unterstützen. Natürlich können sie den Freund auch einmal auf Ihre Rechnung in einem Lokal zum Essen oder auf ein Glas Wein einladen. Doch sollte es der Freund auch gelegentlich mit Ihnen machen. Freundschaft wächst nicht durch Geldzuwendungen. Zuneigung und persönliche Zuwendungen sind erforderlich. Und mit Geld läßt sich Freundschaft nicht kaufen.

## 7. Das Besondere in Frauenfreundschaften

Selbstverständlich gelten alle bisherigen Ausführungen für Männer ebenso wie für Frauen. Während Männer oft nur über ihre Gefühle reden, sind Frauen fähig, sie miteinander zu teilen. Frauen sprechen auch mehr über ihre Gefühle als Männer, und sie sind empfindsamer. Während Männer über die Politik und die Arbeitswelt sprechen, unterhalten sich Frauen über die Alltäglichkeiten des täglichen Lebens und die intimen Dinge des Daseins. Frauen sind auch vertrauter miteinander und öffnen sich in einer Freundschaft tiefer. Das Lachen zu zweit ist in einer Frauenfreundschaft häufiger als in einer Männerfreundschaft. Frauen haben es offenbar leichter, die Heiterkeit des Lachens in einer Freundschaft zu erfahren. Allerdings gibt es auch die Gefahren der Konkurrenzkämpfe, die Frauenfreundschaften schaden.

## 8. Vermeiden Sie innere Verhärtung

Hier eine Geschichte, wie sie oft vorkommt: Eine freundliche und kontaktfreudige Dame fühlt sich von ihrer besten Freudin beleidigt. Sie entscheidet sich dafür, die jahrelange Freundschaft abzubrechen. Natürlich ist die andere auch beleidigt. Denn sie vermag aus ihrer eigenen Sicht keinen Grund für die Kränkung zu erkennen. Jede von beiden ist von Zorn und Enttäuschung erfüllt. Niemand will den Schritt zur Versöhnung tun. Wenn beide nach längerer Zeit nach dem Anlaß der Auseinandersetzung gefragt werden, dann können sie sich daran nicht mehr so genau erinnern.

Falscher Stolz, Geltungsdrang, Selbstgerechtigkeit und innere Verhärtung sind die Ursache solcher Fehlentwicklungen. Schon der Apostel Paulus rät, über einen Streit oder eine Entzweiung die Sonne nicht untergehen zu lassen. Beachten Sie den Ratschlag? Überlegen Sie: Wie vielen Menschen haben Sie schon seelische Schmerzen zugefügt? Wie oft haben Sie Mitmenschen ungerecht behandelt?

Nicht wenige Menschen fühlen sich deshalb unwohl, weil sie sich mit anderen entzweit haben.

Haben Sie nicht schon häufig gesagt: »Wenn ich noch einmal in der Situation wäre, dann hätte ich anders gehandelt?« Was ist die Konsequenz einer solchen Einsicht? Lassen Sie sich von Geltungsdrang, Unversöhnlichkeit, Haß und Eifersucht nicht den inneren Frieden und den Freund oder die Freundin rauben. Wenn Sie achtsam auf ihre Gefühle sind, dann können Sie sie auch in eine andere Richtung lenken. Dann vergiften Sie sich selber nicht. Sie sind zur Versöhnung bereit. Und dann wird auch Ihre Freundschaft nicht zerbrechen.

### 9. Freundschaften in den verschiedenen Lebensstadien

In der Pubertät spielen die Freundschaften eine besondere Rolle. Mit Freunden philosophiert der junge Mensch über den Sinn des Lebens. Mit dem Freund bespricht er oder sie die zukünftigen Vorstellungen vom Leben. In der Pubertät werden die intensivsten Freundschaften gepflegt, und ihnen kommt eine große Bedeutung für die Entwicklung des Jugendlichen zu. Der Freund hat die Rolle des engen Vertrauten. Daher sind für die Auswahl des Freundes Ehrlichkeit, Verständnis, Zuverlässigkeit, Verschwiegenheit und Loyalität entscheidend.

In den weiteren Jahren stehen dann nach der Ausbildung Heirat und Karriere an erster Stelle. Während sich der Auszubildende oft mit seinem Freund trifft und seine ganze Freizeit mit ihm verbringt, ändert es sich, wenn die Ausbildungszeit vorbei ist und der Jugendliche erwachsen wird. Das häufige Zusammensein mit anderen wird dann nicht mehr angestrebt. Die alten intimen Gespräche verlieren an Bedeutung. Die Zuverlässigkeit und Hilfsbereitschaft des Freundes spielen nun eine große Rolle. Jetzt sucht der Mensch nach einem Freund, der eine ähnliche Lebensvorstellung hat. Eine große Bedeutung nehmen nun auch die Beziehungen zum Partner und den Kollegen und Kolleginnen am Arbeitsplatz ein. Menschen zwischen dreißig und fünfzig haben ein wachsendes Bedürfnis nach dauerhaften Beziehungen. Vertraulichkeit, Hilfsbereitschaft und Offenheit werden geschätzt. Es werden aber nicht mehr so viele Freundschaften geschlossen. In der Jugend, in den ersten Jahren des erwachsenen Lebens und in den ersten Berufsjahren werden erfahrungsgemäß die meisten Freundschaften geschlossen.

Der Mensch um Sechzig hätte nach dem Beruf und dem Auszug der Kinder mehr Zeit, sich den Freundschaften zu widmen. Und ältere Menschen würden besonders gute Freunde brauchen. Viele scheuen jedoch die Anstrengungen. Dabei würden besonders neue Beziehungen das Leben der Älteren bereichern und sinnvoller machen.

### 10. Welche Freundschaften wollen Sie im Alter pflegen?

Im Umgang mit älteren Menschen kann ich immer wieder zwei Erfahrungen machen. Die eine ist die Begegnung mit Menschen, die unfreundlich, verhärtet und selbstbezogen sind. Sie beschweren sich über die Schlechtigkeit der Welt und sehen überall nur Böses. Solche Leute pflegen zu sagen, daß sie keinen Menschen mehr hätten. Wenn ich dann erstaunt antworte, daß es doch so viele Menschen gibt, so antworten sie meistens: »Die Freunde sind schon tot.« Und frage ich: »Warum suchen Sie sich keine neuen Freunde?«, kommt keine Antwort.

Menschen und Tiere spüren genau, von wem sie Zuneigung und Zuwendung erwarten können. Zu solchen Menschen fühlen sie sich hingezogen. Und wer einem anderen ein Freund sein will, wird auch einen finden. Leider sind manche Menschen innerlich verhärtet.

Wenn ich zu solchen Menschen sage: »Geben Sie dem Mitmenschen Zuwendung. Sie wissen doch, wie man sie gibt«, dann fangen sie an, von ihren Enttäuschungen zu sprechen. Und natürlich möchten sie keine Enttäuschungen mehr riskieren. Doch warum wurden die Leute enttäuscht? Bereits das Wort bringt es zum Ausdruck. Sie täuschten sich und wurden ent-täuscht, also zur Wirklichkeit zurückgeführt. Sie hatten ihre Wünsche auf den Mitmenschen projiziert. Sie sahen den anderen nicht, wie er war, sondern wie sie ihn haben wollten. Und da er nicht dem Wunschbild entsprach, wandten sie sich von ihm ab.

Wer früh gelernt hat, Freund zu sein und seine Mitmenschen zu mögen, der wird es auch im Alter nicht verlernen. Wenn Sie sich darum bemüht haben, dann wird es Ihnen leichtfallen, Freunde auch im Alter zu finden. Dann gehören Sie zu der anderen Art von Menschen, die mit zunehmendem Alter reifer, versöhnlicher und verständnisvoller werden. Dann werden Sie auch Freunde finden.

Ich kenne ein 80jähriges Ehepaar. Beide haben schon viele alte Freunde durch den Tod verloren. An die Stelle der alten sind sehr junge Freunde getreten. Junge Menschen verkehren in ihrem Haus. Die reifen älteren Menschen üben auf die Jugend eine anziehende Kraft aus, und diese fühlen sich in ihrer Gegenwart geborgen. Und wissen Sie, was mir das Ehepaar einmal sagte? »Unsere Freunde helfen uns, innerlich jung zu bleiben.«

**Zusammenfassung**

1. Die Sehnsucht nach einer engen Freundschaft bewegt jeden Menschen.

2. Um einen vertrauten Freund zu finden, müssen Sie selbst ein Freund sein.

3. Eine enge Freundschaft erfordert Hilfsbereitschaft, Zeit, aufmerksames Zuhören, Vertrauen, Offenheit, Toleranz, Großzügigkeit, Zuverlässigkeit, Verschwiegenheit und gegenseitiges Verzeihen.

4. In einer engen Freundschaft wird jede/jeder zum Spiegel der/des anderen.

5. In einer engen Freundschaft können Sie Gefühle zeigen und Gedanken äußern, ohne Angst haben zu müssen, sich zu blamieren.

6. R. W. Emmerson sagt: »Ein Freund ist einer, vor dem ich laut denken darf.«

7. Hören Sie dem Freund auf allen Ebenen aufmerksam zu, ohne ihn zu beurteilen und zu bewerten.

8. In jeder Beziehung bauen sich gelegentlich Spannungen auf. Sprechen Sie sich dann offen aus.

9. Viele Verstimmungen haben ihre Ursache in Ungeschicklichkeit und Gedankenlosigkeit.

10. Erwarten Sie nicht vom Freund oder von der Freundin, daß er/sie mit Ihnen zu einer Einheit verschmilzt.

11. Bei allen Gemeinsamkeiten sind Sie einmalig und der Freund/die Freundin ist einmalig.

12. Freundschaft können Sie sich nicht durch Geld kaufen.

13. Machen Sie es sich zur Richtlinie, Freunde nicht anzupumpen.

14. Das Verleihen von Geld an Freunde sollte die seltene Ausnahme sein. Für das Verleihen von Geld gibt es Banken.

15. Freundschaft wächst nicht durch finanzielle Zuwendungen.

16. Frauen sprechen in Freundschaft mehr über ihre Gefühle als Männer, und sie teilen sie auch miteinander.

17. Falscher Stolz, Geltungsdrang, Selbstgerechtigkeit und innere Verhärtung schaden der Freundschaft.

18. Es wird Ihnen leichter fallen, seelische Verletzungen zu verzeihen, wenn Sie an die seelischen Schmerzen denken, die Sie anderen absichtlich oder unabsichtlich zugefügt haben.

19. In der Pubertät werden die intensivsten Freundschaften gepflegt.

20. Reife und verständnisvolle ältere Menschen schließen auch im Alter noch neue Freundschaften.

21. Ein junger Freund hilft den älteren Menschen, selbst innerlich jung zu bleiben. Die Jüngere wiederum profitiert von den Erfahrungen der Älteren.

# Kapitel 12

# Beziehungen und Ihre Persönlichkeitsentfaltung

## 1. Im Umgang mit anderen gewinnen Sie Selbsterkenntnis

Ihr Selbsterleben und Ihre Gefühle werden maßgeblich durch Kontakte mit anderen Menschen und deren Gefühlen hervorgerufen.

Auf die Interaktion Ihres Bewußtseins mit den Handlungen der Mitmenschen weist auch schon der Buddhismus hin: *Die Menschen, die Sie zu Zorn, Wut und Haß veranlassen, zeigen Ihnen, was noch an Negativem in Ihnen ist und was Sie noch überwinden müssen.* Das Selbsterleben erfolgt aber vor allem auch in positiven Beziehungen. In Ihren Beziehungen zu den Mitmenschen lernen Sie, sich immer besser zu erkennen. Doch nicht nur das, Ihre Beziehungen helfen Ihnen, sich intensiver zu verwirklichen, als wenn Sie nur auf sich allein gestellt wären. Ihre persönlichen Eigenschaften, Gefühle und Handlungen entfalten Sie dann, wenn Sie von anderen gebraucht werden. Ihre Gefühle, Vorstellungen und Bedürfnisse werden Ihnen dann bewußter, wenn Sie Ihre Empfindungen formulieren können. So wird Ihr Bemühen, sich anderen gegenüber auszudrücken, zum Streben nach Klarheit über sich selbst. So sagt Wilhelm von Humboldt: »Der Mensch versteht sich selbst nur, indem er die Verstehbarkeit seiner Worte an anderen versuchend geprüft hat.« Und in dem Maße, in dem es Ihnen gelingt, sich anderen gegenüber verständlich zu machen, gewinnen Sie an Selbstverständnis.

Werden Sie offener gegenüber Mitmenschen, dann werden Sie auch offener gegenüber sich selbst. Ein Mann erzählt, wie seine Aufgeschlossenheit anderen gegenüber für ihn selbst zu einer großen Veränderung wurde:

»Meine Aufgeschlossenheit anderen gegenüber hat mir geholfen, mich jetzt völlig entspannen zu können. Meine Angst und meine Furcht vor seelischen Verletzungen hinderten mich daran, richtig zuzuhören. Das Erleben meiner selbst und des Mitmenschen beunruhigte mich, und es machte mir Angst, mich zu äußern. Nachdem ich mehr Vertrauen zu den Mitmenschen aufgebaut hatte, konnte ich auch besser zuhören, positiver reagieren und helfen als je zuvor in meinem Leben. Meine Offenheit zu den Menschen hatte zur Folge, daß ich selbst viel deutlicher gewahr wurde, was ich selbst fühlte und erlebte. Ich entwickelte eine Offenheit mir gegenüber, die ich vorher nicht hatte.« Wenn Sie die Fähigkeit entwickeln, entspannt richtig zuzuhören, und das befriedigende Erlebnis haben, von Mitmenschen verstanden zu werden, dann kommen Sie immer tiefer mit Ihrem Selbst und dem des Mitmenschen in Kontakt.

### 2. In Ihren Beziehungen erleben Sie die Verbundenheit mit anderen

Ihr Leben und Ihre Entwicklung verlaufen oft nicht gradlinig und nehmen gewundene Pfade. Erst im Alter werden uns die seltsamen Windungen und auch die Verknüpfungen unseres Lebens mit denen anderer Menschen klar.

Das, was Sie von Ihrem Unbewußten wahrnehmen, ist nicht vollkommen frei, sondern wird immer von einer aktuellen Beziehungssituation beeinflußt. Das gilt auch für eine bekannte Tätigkeit des Unbewußten, für die Träume. C. G. Jung sagt: »Im tiefsten Sinne träumen wir alle nicht aus uns, sondern aus dem, was zwischen uns und dem anderen liegt.«

Martin Buber erzählt eine Geschichte vom Rabbi Eisik, Sohn des Rabbi Jekel aus Kraukau, in der die tiefe Verbundenheit zum Ausdruck kommt:

> Rabbi Eisik erhielt im Traum den Befehl, nach Prag zu gehen und an einer Brücke in der Nähe eines Schlosses nach einem Schatz zu graben. Der Rabbi tat zunächst das, was viele Men-

schen machen: Er gab nichts auf den Traum. Doch der Traum wiederholte sich. Schließlich ging er von Krakau nach Prag, fand die Brücke und wollte an der Stelle graben, die ihm sein Traum gezeigt hatte. Es waren Wachtposten in der Nähe, und einem Offizier fiel der Jude auf, der sich nahe der Brücke zu schaffen machte. Der Offizier fragte ihn, was er dort wolle. Rabbi Eisik erzählte ihm seinen Traum. Der Offizier lachte darüber. Er sagte: »Was für ein Unsinn. Wenn ich meinen Träumen nachgehen wollte, dann müßte ich nach Krakau gehen und unter dem Herd eines Juden Eisik, Sohn Jekels, einen Schatz ausgraben. Dann müßte ich drüben, wo die eine Hälfte der Juden Eisik und die andere Jekel heißt, alle Häuser aufreißen.« Und dann lachte der Offizier wieder. Aber Rabbi Eisik ging nach Krakau und grub unter seinem Herd. Dort fand er tatsächlich einen Schatz und baute davon ein Bethaus, das »Reb Eisik Reb Jekels Schul« heißt.

Sie können in der zwischenmenschlichen Beziehungssituation mehr vom eigenen Unbewußten wahrnehmen und einen tieferen Zugang dazu gewinnen, als wenn Sie für sich allein wären. Das Ich entwickelt sich am Du.

Es gibt immer Menschen, die das Gefühl haben, daß es immer dort besonders gut sei, wo sie nicht sind. Und so sind sie immer auf der Flucht vor sich selbst. Jeder von uns wird in solche Beziehungssituationen gestellt, die für die eigene und die Entwicklung des Mitmenschen vorteilhaft und notwendig sind.

Die östliche Lehre von den Wiedergeburten lehrt, daß der Mensch alles Böse, das er durch sein Tun und Denken verursacht hat, in diesem oder im nachfolgenden Leben wieder gutmachen muß. In seiner persönlichen Entwicklung baut der Mensch im nächsten Leben auf dem auf, was er an inneren Qualitäten verwirklicht hat. Das ist die karmische Weiterentwicklung. Bei diesen Reinkarnationen kommt es dann nach den Vorstellungen der östlichen Lehre auch wieder zu weiteren karmischen Begegnungen von Menschen, die bereits in vorangegangenen Leben zum Beispiel durch Feindschaft oder Freundschaft miteinander verbunden waren.

### 3. Durch Herausforderungen wachsen Sie

Von der triebhaften Natur her tendiert der Mensch dazu, selbstbezogen, ungeduldig, mißtrauisch und mißgünstig zu sein. Diese Eigenschaften isolieren Sie aber von den Mitmenschen. Sie wollen von den Mitmenschen geachtet und bewundert werden. Verhalten Sie sich den Mitmenschen gegenüber auch so, wie Sie es von anderen erwarten? Viele Menschen haben von sich das Bild eines freundlichen, heiteren Menschen, der hilfsbereit, geduldig und tolerant ist. Doch zu schnell verstaubt das Bild. Sie erwarten alles vom anderen, und wenn sie dann enttäuscht sind, umgeben sie sich mit einer Maske und kapseln sich ab. Begehen Sie einen solchen Fehler, dann werden Sie bald unduldsam, hart, mißtrauisch und egoistisch und erheben Vorwürfe, anstatt an sich zu arbeiten. Nun ergeben sich aber viele Probleme aus dem Zusammenleben mit anderen Menschen. Da immer andere in Ihr Leben hineinspielen, ergeben sich für Sie Herausforderungen, an dem Problem zu reifen. Das Erleben solcher Frustrationen wird Ihre persönliche Reifung anregen. So äußerte sich eine Frau mir gegenüber: »Meine Schwierigkeiten mit den Mitmenschen in den vergangenen Jahren setzten in mir große Kräfte frei, weil ich nicht daran zerbrechen wollte. Ich habe mich bemüht, meine Mitmenschen zu verstehen. Ich erlebte, daß ich auch in einer intensiven Freundschaftsbeziehung in einigen Bereichen einsam geblieben war. Ich erkenne aber darin heute etwas Positives. Denn dies verhindert, daß ich vollkommen in einem anderen Menschen aufgehe und so meine Identität verliere.«

## 4. Sind Sie Ihren Kindern ein Freund?

Viele Eltern nörgeln an ihren Kindern herum und gehen ihnen auf die Nerven. Mancher Jugendlicher beschwert sich bei mir, daß er oder sie mit seinen/ihren Eltern keine Gespräche führen kann. Sie erfahren höchstens aggressive Reaktionen von den Eltern, und dann vergeht ihnen die Lust auf ein Gespräch. Wenn diese Kinder dann selbst Eltern werden, machen sie leider dieselben Fehler. Sie sind nicht fähig zuzuhören und verhalten sich uneinsichtig und aggressiv. Von Generation zu Generation werden diese Muster weitergegeben. Viele Eltern haben sich von ihren Kindern entfremdet. Das Kind wünscht sich Eltern und nicht Befehlsverteiler und schon gar keine aggressiven Kritiker. Wenn es doch viele Eltern lernten, Freunde ihrer Kinder zu sein und sie nicht ständig zu gängeln! Es ist so wichtig, die Kinder als eigenständige Wesen zu achten.

Da jeder im ständigen Austausch mit der Umgebung ist, stehen auch Eltern und Kinder in Wechselwirkung zueinander. Nach den Vorstellungen des Ostens sucht sich jedes Lebewesen vor seiner Geburt die Eltern selbst aus. Das ist eine Vorstellung, die die meisten Jugendlichen in der Pubertät zur Verzweiflung bringen dürfte. Die Vorstellungen des Ostens gehen sogar noch weiter. Nach diesen sind die Kinder in früheren Leben oft selbst die Eltern ihrer Eltern gewesen. In jeder Familie stellen Eltern und Kinder Erwartungen aneinander. In gesunden Familien setzen Kinder den Erwartungen der Eltern und Eltern denen der Kinder dann Grenzen, wenn die Erfüllung der Wünsche negative Entwicklungen auslöst.

Da sich die Aurafelder (Gefühlsfelder) von Eltern und Kindern leicht vermischen, werden Eltern in die Gefühlswelt ihrer Teenager hineingezogen. Sie erleben dann die Gefühlsdramen ihrer Kinder selbst. Das muß aber nicht so sein. Einsichtige Eltern lassen dem jungen Menschen Raum, um ohne Angst sich selbst und die Umwelt zu erforschen. Die Zeit der Pubertät könnte zu einer sehr befriedigenden Beziehung zwischen Eltern und Kind führen. Der junge Mensch hat ein Bedürfnis, seinen Eltern nachzueifern, wenn sie sich nur wie ein Vorbild ihm gegenüber verhalten würden. Statt dessen wird der Fehler gemacht, daß die Älteren über die Jüngeren dominieren wollen. Und nicht selten spielen auch konkurrierende Verhaltensweisen eine Rolle, wenn die Eltern von ihren Kindern überflügelt werden. So manche Mutter findet es unangenehm, wenn ihre Tochter immer hübscher wird, während ihre eigenen Reize scheinbar nachlassen. Und Väter wollen noch beweisen, daß sie gegenüber den Söhnen die Stärkeren sind. Natürlich muß es sinnvolle Grenzen für den jungen Menschen geben, zum Beispiel:

»Du mußt zu einer bestimmten Zeit zu Hause sein.« Oder: »Du hast eine Verantwortlichkeit gegenüber der Familie.« Diese Regeln dürfen aber nicht so vermittelt werden, daß aus ihnen Aggressionen sprechen. Der/die Jugendliche wird sich in gewissen Abständen immer wieder bemühen, die Grenzen zu erweitern, und er/sie wird versuchen herauszufinden, wie weit er/sie gehen kann.

Den Kampf mit dem Kind muß es nicht geben. Solche Auseinandersetzungen gibt es nur dann, wenn die Eltern in ihrer autoritären Rolle erstarrt sind. Die Eltern müssen lernen, ihre eigenen Kinder loszulassen und ihre Kontrolle nicht mehr so streng auszuüben. So können die Jugendlichen ihre Identität suchen und dennoch das Gefühl haben, geliebt zu werden.

Tragen Sie also mit Ihrem Kind keine Machtkämpfe aus. Eltern begehen diesen Fehler, wenn sie zum Beispiel sagen: »Tust du das nicht, dann gebe ich dir auch kein Geld.« Was passiert, wenn Sie Ihre Macht gegenüber einem Menschen ausspielen? Sie vermögen keine Beziehung zum Jugendlichen zu schaffen. Und in einer solchen Atmosphäre wird sich auch keine gegenseitige Liebe entwickeln.

Manche Eltern mögen auch die körperliche Berührung ihrer Kinder nicht mehr, wenn diese in der Pubertät sind. Darin spiegeln sich die Ängste, die der Erwachsene gegenüber seinen eigenen Gefühlen hat. Der Sohn wünscht sich vielleicht, daß ihn der Vater wieder einmal in die Arme nimmt. Da er das nicht tut, fühlt sich der junge Mensch abgelehnt und nicht mehr geliebt.

Wenn Eltern und Kinder nur gemeinsam vor dem Fernseher sitzen, dann ist das nur eine sehr enge und beschränkte Art der Kommunikation. Ganz anders sieht es aber aus, wenn Eltern und Kinder etws gemeinsam tun, was ihnen Spaß macht. Das kann ein gemeinsamer Sport sein, ein gemeinsames Hobby oder sonst etwas. Bei solchen gemeinsamen Aktivitäten ergibt sich eine tiefe Verbundenheit zwischen Eltern und Kindern.

## 5. Was Eltern und Kinder lernen müssen

Während eines von mir geleiteten Seminars über wirksame Kommunikation fiel mir bei einem Rollenspiel eines Zweiergesprächs auf, daß die eine der beiden Frauen besonders viele Kommunikationssperren wie das Diagnostizieren und das Bewerten anwendete. So sagte sie zum Beispiel zu ihrer Gesprächspartnerin: »Rührt Ihr Verhalten von Ihrer Kindheit her?« »Haben Sie vielleicht eine Phobie?«

Mindestens jeder dritte Satz aus dem Munde der Dame war eine Diagnose. In der Pause des Seminars sagte sie beiläufig zu mir, sie hätte sich mit ihrem Sohn schon vor mehreren Jahren überworfen und er besuche sie schon längst nicht mehr. Mich wunderte das gar nicht. Offenbar hatte die Frau auch gegenüber ihrem Kind diese Kommunikationssperre aufgebaut, und so fühlte sich das Kind von ihr unverstanden und abgelehnt. Die Ebene der Kommunikation zwischen Mutter und Kind war weitgehend eingeengt.

Jeder junge Mensch beschäftigt sich tief mit den Fragen: Werde ich geliebt? Bin ich wertvoll? Um diese Fragen Ihres Kindes zu beantworten, müssen Sie sich auf vielen Beziehungsebenen und ohne Vorbehalt auf die Beziehung mit dem Kind einlassen. Zur Zeit der Pubertät will der Jugendliche seine eigene Identität finden. In dieser Zeit ist er auch sehr für die Prägungen von der Außenwelt geöffnet. Der junge Mensch blickt auf das Verhalten seiner Eltern und schaut, ob er sie als Vorbild akzeptieren kann. Hat der Jugendliche das Gefühl, nicht anerkannt zu werden, kommt es bei ihm zu explosionsartigen Reaktionen, die bereits durch Kleinigkeiten ausgelöst werden. Das kann beispielsweise durch eine Bitte geschehen, etwas zu erledigen. Solche explosionsartigen Verhaltensweisen werden durch die Hormonstöße ausgelöst, unter deren Einfluß der junge Mensch in der Pubertät steht.

Hier ist nun besonders wichtig, wie mit dem/der Jugendlichen kommuniziert wird. Wie sind Ihre eigenen Kommunikationsmuster? Fühlt sich der Jugendliche dadurch bedroht? Vermitteln Sie ihm Anerkennung und ein positives Bild seiner selbst?

Der junge Mensch ist besonders empfänglich dafür, ob der Erwachsene aufmerksam zuhört und ihn verstehen will. Eine große Hilfe für das Verstehen des Jugendlichen ist seine Körpersprache, die deutlich ausdrückt, was er empfindet.

Die Zeit der Pubertät des Kindes löst bei den Eltern genausoviel Unsicherheit aus wie beim Jugendlichen. Wenn sich Eltern und Jugendliche nur in Trennung voneinander erleben, werden sie nie harmonische Beziehungen, auch nicht bei anderen Kontakten, entwickeln.

Fühlt sich der junge Mensch als Opfer seiner Eltern, dann kann er sich dennoch aus seiner Opferrolle lösen. Macht er sich vielleicht die Vorstellung zu eigen, daß er selbst seine Eltern ausgesucht hat, wird es ihm auch leichter möglich, ihnen Anerkennung zu geben und Ihnen zu vergeben. Dann veranlaßt er seine

Eltern auch nicht mehr, die Rolle zu spielen, die ihn in eine Opferrolle drängt. Der junge Mensch kann lernen, Mitgefühl mit seinen Eltern zu entwickeln und zu sagen: »Ich liebe euch.«

Der Jugendliche muß lernen, mit sich selbst in Berührung zu kommen und sich nicht immer in Hinsicht auf die Außenwelt zu definieren. Dabei macht der Jugendliche oft den Fehler, nur das zum Ausdruck zu bringen, was er nicht will. Notwendig ist aber zu erkennen, was er will. Meditation wird ihm sehr helfen, mit seinem Selbst in Kontakt zu kommen.

Wenn der junge Mensch das bejaht, was er ist, dann ist er zu einer ganz anderen Beziehung zu seinen Eltern fähig. Aber auch der Erwachsene ist noch nicht zu seiner Persönlichkeit gelangt, wenn er mit seinen Kindern im Kampf steht. Um zu den eigenen Kindern tiefe Beziehungen zu schaffen, müssen Sie Ihre Ganzheit entwickeln.

Machen die Eltern den Fehler, sich mit dem/der Jugendlichen zu identifizieren oder ihre Erwartungen auf ihn/sie zu projizieren, dann wollen sie ihre Kinder dazu bringen, das zu lernen, was die Eltern wollen, und nicht das, was den Begabungen des Kindes entspricht. Solche Eltern versuchen dann, den Jugendlichen an dem zu hindern, was die erstarrte Identität der Eltern nicht begreift.

Der junge Mensch muß sich für das entscheiden, was für ihn und nicht was für die Eltern wichtig ist. So entschied sich ein junger Mann, der das Abitur mit ›sehr gut‹ bestanden und auf Wunsch seiner Eltern eine Lehre bei der Stadtverwaltung absolviert hatte, danach das gewünschte Studium zum Lehramt aufzunehmen. Der Vater konnte nicht verstehen, wie jemand den sicheren Job bei der Stadtverwaltung aufgeben konnte. Der junge Mann sagte nur: »Ich kann die Prägung meiner Eltern nicht verändern. Ich verstehe sie aber und fühle mich von meinen Eltern nicht mehr bedroht. Ich schenke ihnen meine Liebe und mein Mitgefühl.« Der junge Mann hatte sich für ein anderes

Leben entschieden, als es den Vorstellungen seiner Eltern entsprach. Dennoch war er fähig, sie so zu nehmen, wie sie waren, und den Kontakt mit ihnen aufrechtzuerhalten. Wenn Eltern und Kinder sich gegenseitig so loslassen, dann befreien sie sich von den einengenden Mustern, die ihr Verhältnis belastet. Die Kommunikation zwischen ihnen wird jetzt sehr umfassend. Die erstarrten Beziehungsrollen hören auf, mit denen die Eltern die Kinder und alle sich gegenseitig begrenzten. Eltern und Jugendliche erkennen, wie schädlich solche Masken sind. Eltern und Kinder akzeptieren dann nicht nur die Tatsache, daß sie sich gegenseitig ausgesucht haben. Sie entscheiden sich füreinander und bejahen den Kern des/der anderen, an dem sie nichts verändern wollen. Sie haben große Achtung vor der Seele des/der anderen. Vor allem treten sie in tiefe wechselseitige Kommunikation mit den anderen. Es entwickelt sich eine tiefe Verbundenheit, die das ganze Leben andauert.

Nur wenn sich Eltern und Kinder auf diese Weise bejahen, vermögen sich beide zu einer Ganzheit zu entwickeln. Eltern und Kindern können dann zwar nicht auf allen, doch auf einigen Ebenen eins werden. Diese Einswerdung hebt die Ebene des Bewußtseins sowohl bei den Eltern als auch bei den Kindern an. Dann hören auch die gefühlsmäßigen Kämpfe gegeneinander auf. Keiner fühlt sich mehr vom anderen bedroht.

Eltern und Kinder haben nun die Möglichkeit, sich vermehrt mit sich selbst auseinanderzusetzen. So dringen beide mehr zu ihrem Lebenssinn vor und bereichern sich gegenseitig. Zwischen Eltern und Kindern entwickelt sich eine tiefe Freundschaft, da sie sich auf einer vertieften Ebene austauschen. Und so kommt es anstelle der alten unbefriedigenden Beziehungsmuster zu einem großen wechselseitigen Prozeß der Weiterentwicklung. Eine gemeinsame Evolution findet statt.

## 6. Gemeinsame unbewußte, persönlichkeitsübergreifende Prozesse

Bei Seminaren und bei Gesprächen stelle ich oft fest, daß sich das Gespräch in eine Richtung entwickelt, in der die rationale Kontrolle des Gesprächs verringert ist. Es ist dann so, als ob sich das Kräftespiel in der Kommunikation zwischen den Teilnehmern einspiele. Und das Gespräch strebt dann wie selbständig der Lösung zu.

Manchmal spreche ich im Gespräch Vermutungen aus, die mir selbst zunächst eigenartig vorkommen. Nachträglich können sie sich aber als richtig erweisen. In einen solchen intuitiven Zustand komme ich nur dann, wenn ich entspannt bin. Es ist dann so, als ob ich meinem Kern ganz nahe wäre. Gleichzeitig bin ich meinem Geschäftspartner sehr nahe. Ich empfinde mich in der Beziehung als Teil eines höheren Ganzen. Die Mauern zwischen Ich und Du sind verschwunden, obwohl jeder Anwesende seine Eigenständigkeit bewahrt. Dieser Prozeß läuft ab, ohne daß die Sinne daran beteiligt sind.

Ähnlich empfinden es auch die Seminarteilnehmer. Sie sagen zum Beispiel: »Ich habe ein großes Gefühl der Einheit mit dem Anwesenden erlebt« oder »Es war für mich eine sehr tiefe Erfahrung.«

Es ist gleichsam so, als ob alle am Gespräch Beteiligten ein gemeinsames Unbewußtes erleben. Oder noch besser: Das gemeinsame Unbewußte benötigt die Teilnehmer, um sich zum Ausdruck zu bringen. Die Anwesenden erleben gemeinsam etwas Tiefes, und große Energien und heilende Kräfte fließen zwischen den Anwesenden. In solchen Momenten wird sogar eine Atmosphäre der Zeitlosigkeit erlebt. Zwischen den Teilnehmern gibt es eine große Verbundenheit und intensive Wachheit. Häufig spricht ein Gesprächspartner aus, was der andere sagen wollte. Nach meinen Erfahrungen sind aber solche Prozesse nur möglich, wenn es zwischen den Beteiligten in den Gesprächen auch die notwendigen Schweigesituationen gibt.

## 7. Individualität, Beziehungen, Universalität

C. G. Jung versteht unter dem Entwickeln der Individualität, der Individuation, das Bewußtwerden und die Verarbeitung unbewußter seelischer Inhalte. Der Prozeß erstreckt sich auch bis auf die Figuren von Animus und Anima, die die gegengeschlechtlichen Tendenzen im Mann und in der Frau darstellen, und noch weiter bis in den Bereich des kollektiven Unbewußten, in dem eine Vielzahl von Archetypen enthalten sind. Der Kern, das Selbst, ist das Zentrum aller bewußten und unbewußten Schichten, der Schmelztiegel sämtlicher Prozesse.

Ihr Kern steht nicht nur mit Ihrem Bewußtsein, Ihrem Unbewußten und Ihrer Individualität in Kontakt. Mit Ihrem Kern sind Sie auch in Beziehung und Wechselwirkung zum Bewußtsein und Unterbewußtsein des Mitmenschen, zum kollektiven Unbewußten und zum universellen Bewußtsein oder Kosmos. Die Wechselwirkung zwischen Ihnen und der Umwelt bringt Bild 4 zum Ausdruck.

So hilft Ihnen der Kern, Ihre Individualität zu entfalten und bessere Beziehungen zu den Mitmenschen zu schaffen.

Das erste Leitbild der Selbstverwirklichung war die abgrenzende Selbstverwirklichung. Es ging hier darum, die eigene Individualität zu finden und sich davon zu lösen, den Erwartungen der Mitmenschen zu gefallen. Diese Phase war aber nur ein Durchgangsstadium. Dann schlug die Entwicklung in ein anderes Extrem um: Anstelle der Individualität wurde nur noch die Universalität bejaht. Kein Leben existiert isoliert, alles ist miteinander verbunden. Je mehr Sie sich dieser Bezogenheit bewußt werden, desto freier werden Sie. Wer alles nur vom Hintergrund

*Bild 4*

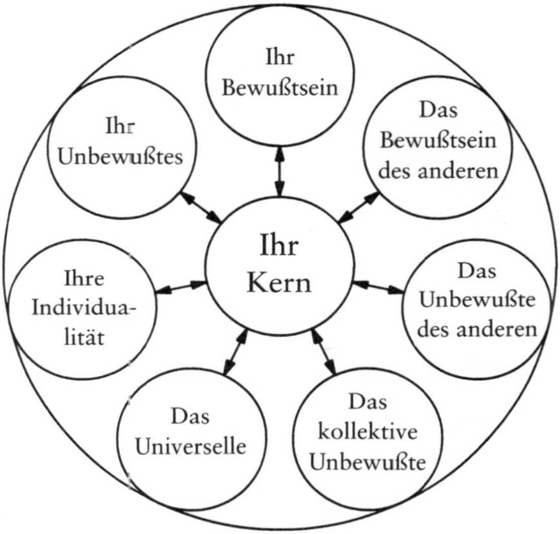


Ihr Kern und seine Verflechtungen mit Ihnen und der Umwelt

seines Ichs sieht, sperrt sich in ein Gefängnis ein. Wer sein Ich überwindet, erfährt auch seine eigene universelle Natur.

Es wäre falsch, das eigene Heil in der Auflösung alles Individuellen zu suchen. Das wäre dann eine Flucht vor der Individuation. Vielmehr benötigt das Universelle das Individuelle, um sich zu verwirklichen. Individualität und Universalität schließen sich nicht gegenseitig aus, sondern sind zwei sich ergänzende Seiten der Wirklichkeit. Nun kann sich das Unendliche nur im Endlichen ausdrücken, und das Unendliche bedarf der endlichen Form, um sich zu gestalten. Das Selbst kann daher nicht im Abstrakten erfahren werden, sondern immer nur im Konkreten, Gegenwärtigen. Ebenso kann das Bewußtsein nicht als Bewußtsein erfahren werden, sondern nur in den Bewußtseinsinhalten. Und das Selbst kann immer nur im jeweiligen Beziehungsprozeß

Form annehmen. Alles ist im Fluß. Ihr Selbst stellt sich immer in den Facetten dar, wie sie sich aus dem Beziehungssystem ergeben. Die Art, wie Ihnen ein Mensch erscheint, und die Art, wie Sie sich ihm darstellen können, ergibt sich immer aus der gegenseitigen Bezogenheit. Niemand besteht unabhängig in sich selbst. Jeder wird nur in bezug auf Mitmenschen und andere etwas. Und Buber sagt: *Das Ich ist wirklich durch seine Teilnahme an der Wirklichkeit. Wo Selbstzuneigung ist, ist keine Wirklichkeit.*

## 8. Mein eigenes Erlebnis

Der Traum ist eine deutliche Äußerung des Unbewußten. Ich kann die Erfahrung von C. G. Jung nur bestätigen, daß der Traum dem Menschen Hinweise gibt, wohin sein eigentlicher Weg geht. Ich habe schon auf die Feststellung von C. G. Jung hingewiesen: *Im tiefsten Sinn träumen wir alle nicht aus uns, sondern aus dem, was zwischen uns und den anderen liegt.*

Wie sehr sich auch das Selbst in Abhängigkeit von der äußeren Umwelt und seinen Beziehungen erfahren kann, habe ich vor kurzer Zeit selbst in folgendem Erlebnis erfahren.

Zwischen mir und einem älteren Ehepaar gab es eine kleine Verstimmung in der Beziehung, für die weder ich noch das Ehepaar verantwortlich war. Das führte dazu, daß ich die Kontakte einige Zeit nicht weiter pflegte. Nach einigen Monaten begegneten wir uns bei einem Spaziergang auf einem Waldweg. Wir sprachen über das, was sich ereignet hatte, und alle gewannen eine ganz neue Sicht und Einstellung. Alle Beteiligten fühlten sich nach dem Gespräch wohler. In der Nacht nach der Begegnung und Aussprache hatte ich folgenden Traum:

Ich befinde mich in einem Traum und steige die Stufen der

Treppe empor. Das Steigen strengt mich überhaupt nicht an. Dann erreiche ich das Ende des Turms und habe von dort eine herrliche Aussicht über eine antike Stadt, deren Bauten mich sehr an den Nahen Osten erinnern. In nicht allzuweiter Ferne entdecke ich ein Gebäude, das mich beeindruckt. Dann erkenne ich über dem Gebäude ein rundes, tiefblaues und flackerndes Licht. Ich habe das Gefühl eines großen geistigen spirituellen Erlebnisses.

Was sagt der Traum? Das Symbol des Turmes und des blauen Lichtes sind Symbole für das Selbst. Solche Symbole tauchen beim fortschreitenden Individuationsprozeß auf. Offenbar hatte mein Erlebnis mit dem Ehepaar und mein Verhalten in der Beziehung mich meiner inneren Mitte, meinem Selbst, sehr nahe gebracht.

## 9. Gemeinsame Evolution, ein ausgezeichnetes Mittel der Selbstverwirklichung

In jeder Beziehung werden sich auch Menschen gegenseitig verändern. Jeder bleibt zwar eine Persönlichkeit, doch die Art des Erfahrens und des Fühlens ist nicht mehr unabhängig voneinander. Und in einer tiefen Freundschaft werden beide Partner große Anteile ihres Selbst nicht mehr unabhängig voneinander erfahren. Die gegenseitige Weiterentwicklung ergibt sich aber nicht daraus, daß beide Menschen sich voll entsprechen. Die gegenseitige Evolution resultiert daraus, daß sich zwei Menschen nie ganz gleichen. Natürlich darf das Einander-nicht-ganz-Gleichen nicht das Ausmaß annehmen wie in folgender Tierfabel:

Die Raupe sagt zum Schmetterling: »Von dem, was du tust, wirst du mich nie überzeugen können.«

Zwei Freunde oder überhaupt zwei Menschen müssen also

hinreichend zueinander passen, ohne sich jedoch völlig zu gleichen.

Wenn Sie sich in einer Freundschaft auf Kosten des anderen in der Beziehung ausdehnen, dann zerfällt die Beziehung, und Verlierer sind beide.

Damit eine Freundschaft beständig ist, müssen sich beide Freunde weiterentwickeln.

Das Yin- und Yang-Symbol hilft, den Sachverhalt besser zu verstehen. Das Yin-Yang-Symbol ist ein Bild der Spannung zwischen dem weiblichen und dem männlichen Prinzip. Yin und Yang haben gleiche Wichtigkeit. Jedes Prinzip braucht das andere, um sich auszudrücken. Jedes Prinzip muß dem Druck des anderen standhalten, damit das System nicht zusammenfällt. Das gilt nicht nur in einer Partnerschaft zwischen Mann und Frau, sondern auch in der Freundschaft und in jeder Beziehung. Spannung hält uns lebendig. Manche Menschen haben nicht genug Lebensenergie und können dem Druck der Außenwelt nichts entgegensetzen. Sie können nicht die notwendige Spannung herstellen. Sie wollen den Druck von außen geringer machen, indem Sie sich verkleinern und unscheinbar machen. Doch das reduziert ihr eigenes Leben. Und der Druck von außen wird immer schwerer zu ertragen.

Wenn Sie sich selbst für Wachstum entscheiden, müssen Sie sich auch dafür entscheiden, daß der Partner mitwächst. Gemeinsames Wachstum bedeutet also ständige gegenseitige Herausforderung. Yin und Yang verschmelzen nicht, sie lassen sich immer gegenseitig entstehen.

Zwei Freunde schauen nicht oft aufeinander, sie schauen gemeinsam weiter. Sie suchen nicht ständig einander. Sie suchen gemeinsam, was jeder braucht. Und so helfen Sie dem Freund und der Freund Ihnen, das im Leben zu verwirklichen, was das eigene Ich ist.

Denken Sie daran: Ihre Persönlichkeitsentwicklung ist immer

nur ein Werden, nie ein Sein. Zu einem großen Teil entwickeln Sie sich durch Wechselwirkungen mit dem Umfeld. Sie entfalten sich in Freundschaften und anderen Beziehungen gemeinsam mit anderen.

Lassen Sie mich das mit den Worten von Saint-Exupéry sagen: *Ich sage dir: es gibt keine Amnestie, die dir das Werden erspart. Du möchtest sein: Du wirst nur in Gott sein. Er wird dich in seine Scheune einbringen, nachdem du langsam durch deine Handlungen geworden und geknetet sein wirst, denn der Mensch braucht lang zum Geborenwerden.*

Freuen Sie sich, daß Sie sich noch verändern können. Sie sind nicht festgelegt und nicht festgewachsen. Sie sind morgen ein anderer bzw. eine andere, als Sie es gestern waren, selbst wenn der Unterschied noch so gering ist.

Sollte der Mitmensch Sie durch sein Anderssein verunsichern, denken Sie daran: Was Sie verunsichert, öffnet Sie auch für das Neue.

Erwarten Sie nicht all Ihre Lebenserfüllung durch den anderen. Was Sie von anderen erhoffen, macht Sie erst dann glücklich, wenn Sie es selbst verwirklicht haben.

Gehen Sie Ihren Weg weiter. Seien Sie glücklich, auf der Reise zu sein. Heben Sie Grenzen auf, indem Sie sie überschreiten.

**Zusammenfassung**

1. Ihr Selbsterleben wird in einem großen Maße durch Wechselwirkungen mit Mitmenschen bedingt.

2. Sie erkennen sich in Ihren Beziehungen zu Mitmenschen.

3. Werden Sie offener gegenüber Mitmenschen, dann werden Sie auch offener gegenüber sich selbst.

4. In zwischenmenschlichen Beziehungssituationen können Sie mehr von Ihrem Unbewußten wahrnehmen, als wenn Sie nur auf sich allein gestellt wären.

5. Das Leben stellt Sie immer in solche Beziehungssituationen, die für Ihre Entwicklung und die des Mitmenschen am vorteilhaftesten ist.

6. Zwischenmenschliche Probleme sind große Herausforderungen, um zu reifen.

7. Viele Kinder leiden unter den ständigen Nörgeleien und den aggressiven Bemerkungen ihrer Eltern.

8. Kinder wünschen sich Eltern, die ihnen zuhören.

9. Eltern dürfen sich von den Gefühlsdramen ihrer Teenager nicht anstecken lassen.

10. Setzen Sie Ihrem Kind Grenzen, ohne aggressiv zu sein. Achten Sie seine eigene Persönlichkeit, und versuchen Sie, es nicht zu beherrschen.

11. Eltern müssen lernen, Ihre Kinder loszulassen und ihre Kontrolle nicht zu streng auszuüben.

12. Lassen Sie dem Jugendlichen seine Identität und geben Sie ihm das Gefühl, er/sie werde geliebt.

13. Eltern sollten mit ihren Kindern etwas gemeinsam tun, das allen Spaß macht.

14. Wie kommunizieren Sie mit ihrem Kind? Fühlt sich der Jugendliche durch Sie bedroht? Oder vermitteln Sie ihm Anerkennung und ein positives Bild seiner selbst?

15. Junge Menschen wünschen aufmerksame Eltern, die ihnen zuhören und die sie verstehen wollen.

16. Bejahen Eltern und Kinder sich gegenseitig, so entwickeln sie sich zur Ganzheit.

17. Schweigesituationen fördern unbewußte, persönlichkeitsübergreifende Prozesse im Gespräch. In solchen Situationen haben Sie und Ihre Gesprächspartner das Gefühl, an einem höheren Ganzen teilzuhaben.

18. Ihr Kern oder Ihre innere Stimme läßt Sie Ihre Individualität besser erkennen.

19. Ihr Kern oder Ihr Selbst, die innere Stimme, läßt sie erkennen, wie Sie bessere Beziehungen zu andern aufbauen.

20. Die abgrenzende Selbstverwirklichung entfaltet Ihre Individualität. In der universellen Erfahrung überwinden Sie Ihr Ich.

21. Individuelle und universelle Erfahrungen ergänzen sich.

22. Das Universelle kann sich nur im Individuellen ausdrücken.

23. Ihr Selbst stellt sich immer in den Facetten dar, wie sie sich aus dem Beziehungssystem ergeben.

24. Die Begrenzung durch das Du weist Sie auf sich selbst zurück und führt zu einem Entwicklungsprozeß.

25. C. G. Jung sagt: »Im tiefsten Sinne träumen wir alle nicht aus uns, sondern aus dem, was zwischen uns und dem anderen liegt.«

26. Gegenseitige Evolution ist nur möglich, weil sich beide Menschen nicht ganz gleichen.

27. Gemeinsames Wachstum bedeutet ständige gegenseitige Herausforderung.

28. So wie die Yin-Kraft die Yang-Kraft braucht, um sich auszudrücken, brauchen Sie Beziehungen zu Mitmenschen.

## Leserdienst

Setzen Sie die im Buch beschriebenen Techniken in die Tat um.

Nun weiß ich aus Erfahrung, daß eine große Anzahl von Lesern meiner Bücher daran interessiert ist, die erforderlichen Techniken zu erlernen und zu üben. Diese Möglichkeit bieten Ihnen Wochenendseminare, die im *APE-Institut für Angewandte Psychologie und Esoterik GmbH* durchgeführt werden.

Beim Intensivtraining lernen Sie, wie Sie die Macht Ihres Unterbewußtseins und die großen Möglichkeiten Ihres Tiefenbewußtseins nutzen können und wie Sie konsequent erfolgreiche Techniken zum Erreichen Ihrer Ziele anwenden. Mit Hilfe der Ihnen beim Intensivtraining vermittelten bewährten Techniken entfalten Sie die in Ihnen verborgenen Kräfte und Fähigkeiten, und Sie verwirklichen Ihre Wünsche. Neben dem Intensivtraining werden auch Seminare wie z. B. Meditationen, Kontakttraining (Freunde gewinnen) und andere durchgeführt.

Solche Wochenendseminare sind schon von vielen Menschen aus allen Bevölkerungsschichten besucht worden. (Übrigens werden auch Seminare in der Schweiz durchgeführt.)

Viele Dankschreiben sprechen für den Erfolg der Seminare. Da die Hilfestellung immer auf die Person des Seminarteilnehmers und seine individuellen Lebensumstände aufbaut, können die Arbeitstechniken besonders gut vermittelt werden.

In Verbindung mit einem Seminar helfen Ihnen ein persönliches Gespräch und eine individuelle Beratung ganz besonders. Der Wunsch ist verständlich, denn nicht jeder Teilnehmer wird, selbst in der besten Atmosphäre der Seminarrunde, all das sagen wollen, was ihn zutiefst bewegt. Das persönliche Gespräch hilft Ihnen, ein Problem zu lösen oder in einer wichtigen Angelegenheit die richtige Entscheidung zu treffen.

Unterlagen über die verschiedenen Seminare werden Ihnen gern kostenlos und unverbindlich zugesandt. Bitte schreiben Sie dazu an folgende Anschrift:

*APE-Institut für Angewandte Psychologie*
*und Esoterik GmbH*
*Postfach 210346*
*D-5270 Gummersbach 21*

Oder rufen Sie an: *Tel. 02261/5 15 49*

**Ihre Persönlichkeitsanalyse**

Wissen Sie, daß Sie einzigartig sind? Wissen Sie, worauf Sie angelegt sind? Leben Sie Ihr Leben, oder haben Sie sich durch die Umwelt davon abbringen lassen? Ihre *Persönlichkeitsanalyse* ermöglicht Ihnen einen neuen Zugang zu sich selbst. Ein ganz spezifisch auf Sie bezogenes Geburtshoroskop zeigt Ihnen Ihr wahres Wesen und macht Ihnen bewußt, welche besondere Bedeutung Ihr Leben hat. Sie erkennen, welche Ihrer Wesenskräfte harmonieren und welche Herausforderungen und besonderen Entwicklungsmöglichkeiten sie darstellen.

Sie erfahren Einzelheiten über Ihre Begabung, Neigungen, Erfolgsmöglichkeiten, beruflichen Chancen und Ihre Gefühle. Die Aussagen über Sie betragen etwa 10 DIN-A4-Seiten. Ihre *Persönlichkeitsanalyse* hilft Ihnen, Ihren individuellen Weg zur Selbstentfaltung und Persönlichkeitsentwicklung zu gehen.

Die Kosten für die *Persönlichkeitsanalyse* betragen DM 40,– (Vorauskasse). Teilen Sie dazu Geburtsdatum, Geburtszeit und Geburtsort (bitte auch den Namen der in der Nähe gelegenen größeren Stadt) mit.

**Ihre Partnerschaftsanalyse**

Hier noch eine weitere Möglichkeit für Sie:

Eine *Partnerschaftsanalyse* Ihrer Liebesbeziehung legt Ihnen die verborgenen Bereiche Ihrer Beziehung zum anderen offen. Die Analyse legt dar, ob Sie sich gegenseitig ergänzen und ob Sie zueinander passen. Sie erfahren, welche Konfliktbereiche und welches Potential gegenseitiger Entwicklung die Beziehung birgt.

Sie können auch eine *Partnerschaftsanalyse* für Kontakte gegenüber anderen wie z. B. *Freunden, Kunden, Eltern, Kindern, Geschäftspartnern* usw. bestellen. Die Kosten für die *Partnerschaftsanalyse* betragen DM 100,– (Vorauskasse). Teilen Sie dazu Geburtsdatum, Geburtszeit und Geburtsort (bitte auch den Namen der in der Nähe gelegenen größeren Stadt) *beider* Partner mit.

*APE-Institut für Angewandte Psychologie*
*und Esoterik GmbH*
*Postfach 210346*
*D-5270 Gummersbach 21*
*Tel.: 02261/5 15 49*

## Literaturverzeichnis

Buber, Martin: *Das dialogische Prinzip.* Verlag Lambert Schneider, Heidelberg 1979.

Capra, Fritjof: *Das Tao der Physik.* Scherz Verlag, Bern, München, Wien 1984.

Cardenal, Ernesto: *Das Buch von der Liebe.* Gütersloher Verlagshaus, Gerd Mohn, 1987.

De Saint-Exupéry, Antoine: *Worte wie Sterne.* Herder Verlag, Freiburg, Basel, Wien, 16. Aufl. 1988.

– *Der kleine Prinz.* Karl Rauch Verlag, Düsseldorf, 42. Auflage 1982.

Gordon, Thomas: *Manager-Konferenz.* Rowohlt Verlag Reinbek bei Hamburg 1982.

Iacocca, Lee: *Iacocca, eine amerikanische Karriere.* Econ Verlag, Düsseldorf, Wien, 21. Auflage 1988.

Picard, Max: *Die Welt des Schweigens.* R. Piper Verlag, München 1988.

Ryborz, Heinz: *Die geheime Kraft Ihrer Wünsche.* Oesch Verlag, Zürich, 4. Auflage 1988.

– *Die helfende und heilende Kraft der Symbole.* Oesch Verlag, Zürich, 1. Auflage 1990.

– *Menschen erkennen, durchschauen, verstehen.* Oesch Verlag, Zürich, 2. Auflage 1989.

– *Wer ist dein Freund, wer ist dein Feind?* Oesch Verlag, Zürich, 2. Auflage 1990.

– *Jeder kann es schaffen.* Oesch Verlag, Zürich, 3. Auflage 1988.

– *Lebe besser, lebe gern.* Schweizer Verlagshaus, Zürich 1987.

– *Die Kunst zu überzeugen.* Ariston Verlag, Genf, 3. Auflage 1983.

– *Die universellen Kräfte Ihrer Psyche.* Goldmann Verlag, München, 4. Auflage 1987.

– *Die Kunst, Ihr Leben zu meistern*. Goldmann Verlag, München, 5. Auflage 1988.
– *Das Abenteuer, sinnvoll zu leben*. Ariston Verlag, Genf 1984.
Schaffer, Ulrich: *Neues Umarmen*. Kreuz Verlag, Stuttgart 1984.